全椒古籍叢書

吴敬梓集

2

（清）吴敬梓 撰

政協全椒縣委員會 編

國家圖書館出版社

第二册目録

（清）吴敬梓 撰

儒林外史五十六回（第十三至二十七回）

清嘉慶八年（1803）卧閑草堂刻本

儒林外史第十三回

蘧駪夫求賢問業　馬純上仗義疏財

話說婁府兩公子將五百兩銀子送了俠客與他報謝恩人把革囊人頭放在家裏兩公子雖係相府不怕有意外之事但血淋淋一個人頭丟在內房階下未免有些焦心四公子向三公子道張鐵臂他做俠客的人斷不肯失信于我我們卻不可做俗人我們竟辦幾席酒把幾位知己朋友都請到了等他來時開了革囊果然

用藥化為水也是不容易看見之事我們就同諸友做一箇人頭會有何不可三公子聽了到天明吩咐辦下酒席把牛布衣陳和甫蘧公孫都請到家裏住的三箇客是不消說只說小飲且不必言其所以然直待張鐵臂來時施行出來好讓衆位都喫一驚衆客到齊彼此說說閒話等了三四箇時辰不見來直等到日中還不見來三公子悄悄向四公子道這事就有些古怪了四公子道想他在別處又有躭擱了他革

囊現在我家斷無不來之理看看等到下晚總
不來了廚下酒席已齊只得請衆客上坐這日
天氣甚暖兩公子心裏焦躁此人若竟不來這
人頭却往何處發放直到天晚革囊臭了出來
家裏太太聞見不放心打發人出來請兩位老
爺去看二位老爺沒柰何纔硬着膽開了革囊
一看那裏是甚麽人頭只有六七觔一箇猪頭
在裏面兩公子面面相覷不則一聲立刻叫把
猪頭拏到廚下賞與家人們去喫兩公子悄悄

相商這事不必使一人知道仍舊出來陪客飲酒心裏正在納悶看門的人進來稟道烏程縣有箇差人持了縣裏老爺的帖同蕭山縣來的兩箇差人叩見老爺有話面稟三公子道這又奇了有甚麽話說留四公子陪著客自已走到廳上傳他們進來那差人進來磕了頭說道本官老爺請安隨呈上一張票子和一角關文三公子叫取燭來看見那關文上寫著蕭山縣正堂吳爲地棍奸拐事案據蘭若菴僧慧遠具控

伊徒尼僧心遠被地棍權勿用奸拐霸占在家一案查本犯未曾發覺之先自潛跡逃往貴治爲此移關煩貴縣查點來文事理遣役協同來差訪該犯潛踪何處擒獲解還敝縣以便審理究治望速望速看過差人稟道小的本官上覆三老爺知道這人在府内因老爺這裏不知他道些事所以留他而今求老爺把他交與小的他本縣的差人現在外伺候交與他帶去休使他知覺逃走了不好回文三公子道我知道了

你在外面候着差人應諾出去了在門房裏坐着三公子滿心慚愧叫請了四老爺和楊老爺出來二位一齊來到看了關文和本縣拏人的票子四公子也覺不好意思楊執中道三先生四先生自古道蜂蠆入懷解衣去趕他旣弄出這樣事來先生們庇護他不得了如今我去向他說把他交與差人等他自己料理去兩公子沒奈何楊執中走進書房席上一五一十說了權勿用紅著臉道眞是眞假是假我就同他去

怕甚麼兩公子走進來不肯改嘴說了些不平的話又奉了兩杯别酒取出兩封銀子送作盤程兩公子送出大門叫僕人替他拏了行李打躬而别那兩箇差人見他出了婁府兩公子已經進府就把他一條鏈子鎖去了兩公子因這兩番事後覺得意興稍減吩咐看門的但有生人相訪且回他到京去了自此閉門整理家務不多幾日蘧公孫來辭說蘧太守有病要回嘉興去侍疾兩公子聽見便同公孫去候姑丈及

到嘉興蘧太守已是病得重了看來是箇不起之病公孫傳着太守之命託兩公子替他接了魯小姐回家兩公子寫信來家打發婢子去說魯夫人不肯小姐明於大義和母親說了要去侍疾此時采蘋已嫁人去了只有雙紅一箇了頭做了賠嫁叫兩隻大船全副粧奩都搬在船上來嘉興太守已去世了公孫承重魯小姐上侍孀姑下理家政井井有條親戚無不稱羨蘧府兩公子候治喪已過也回湖州去了公孫居

喪三載因看見兩箇表叔半世豪舉落得一塲掃興因把這做名的心也看淡了詩話也不刷印送人了服闋之後魯小姐頭胎生的箇小兒子已有四歲了小姐每日拘着他在房裏講四書讀文章公孫也在傍指點却也心裏想在學校中相與幾箇考高等的朋友談談舉業無奈嘉興的朋友都知道公孫是箇做詩的名士不來親近他公孫覺得沒趣那日打從街上走過見一箇新書店裏貼着一張整紅紙的報帖上

寫道本坊敦請處州馬純上先生精選三科鄉會墨程凡有同門錄及硃卷賜顧者幸認嘉興府大街文海樓書坊不誤公孫心裏想道這原來是箇選家何不來拜他一拜急到家換了衣服寫個全學教弟的帖子來到書坊問道這里是馬先生下處店裏人道馬先生在樓上因喊一聲道馬二先生有客來拜樓上應道來了於是走下樓來公孫看那馬二先生時身長八尺形容甚偉頭帶方巾身穿藍直裰脚下粉底皂

靴面皮深黑不多幾根鬍子相見作揖讓坐馬二先生看了帖子說道尊名向在詩上見過久仰久仰公孫道先生來操選政乃文章山斗小弟仰慕晉謁已遲店裏捧出茶來喫了公孫又道先生便是處州學想是高補過的馬二先生道小弟補廩二十四年蒙歷任宗師的青目共考過六七個案首只是科場不利不勝慚愧公孫道遇合有時下科一定是掄元無疑的了說了一會公孫告別馬二先生問明了住處明日

就來回拜公孫回家向魯小姐說馬二先生明日來拜他是個舉業當行要備個飯留他小姐欣然備下次早馬二先生換了大衣服寫了回帖來到蘧府公孫迎接進來說道我兩人神交已久不比泛常今蒙賜顧寬坐一坐小弟備個家常飯休嫌輕慢馬二先生聽罷欣然公孫問道尊選程墨是那一種文章爲主馬二先生道文章總以理法爲主任他風氣變理法總是不變所以本朝洪永是一變成宏又是一變細看

來理法總是一般大約文章既不可帶注疏氣尤不可帶詞賦氣帶注疏氣不過失之于少文采帶詞賦氣便有礙於聖賢口氣所以詞賦氣尤在所忌公孫道這是做文章了請問批文章是怎樣個道理馬二先生道也全是不可帶詞賦氣小弟每常見前輩批語有些風花雪月的字樣被那些後生們看見便要想到詩詞歌賦那條路上去便要壞了心術古人說得好作文之心如人目凡人目中塵土屑固不可有即金

玉屑又是着得的麼所以小弟批文章總是採取語類或問上的精語時常一個批語要做半夜不肯苟且下筆要那讀文章的讀了這一篇就晤想出十幾篇的道理纔爲有益將來拙選告成送來細細請教說着裏面捧出飯來果是家常餚饌一碗燉鴨一碗煮雞一尾魚一大碗煨的稀爛的豬肉馬二先生食量頗高舉箸來向公孫道你我知己相逢不做客套這魚且不必動到是肉好當下吃了四碗飯將一大碗爛

肉吃得乾乾淨淨裏面聽見又添出一碗來連湯都吃完了抬開桌子啜茗清談馬二先生問道先生名門又這般大才久已該高發了因甚困守在此公孫道小弟因先君見背的早在先祖膝下料理些家務所以不會致力於舉業馬二先生道你這就差了舉業二字是從古及今人人必要做的就如孔子生在春秋時候那時用言揚行舉做官故孔子只講得個言寡尤行寡悔祿在其中這便是孔子的舉業講到戰國

時以遊說做官所以孟子歷說齊梁這便是孟子的舉業到漢朝用賢良方正開科所以公孫弘董仲舒舉賢良方正這便是漢人的舉業到唐朝用詩賦取士他們若講孔孟的話就沒有官做了所以唐人都會做幾句詩這便是唐人的舉業到宋朝又好了都用的是些理學的人做官所以程朱就講理學這便是宋人的舉業到本朝用文章取士這是極好的法則就是夫子在而今也要念文章做舉業斷不講那言寡

尤行寡悔的話何也〈讀〉日日講究言寡尤行寡悔那個給你官做孔子的道也就不行了一席話說得蘧公孫如夢方醒又留他吃了晚飯結爲性命之交相別而去自此日日往來那日在文海樓彼此會着看見刻的墨卷上目錄擺在桌上上寫着歷科墨卷持運下面一行刻着處州馬靜純上氏評選蘧公孫笑着向他說道請教先生不知尊選上面可好添上小弟一個名字與先生同選以附驥尾馬二先生正色道這

個是有個道理的跕封面亦非容易之事就是小弟全虧幾十年考校的高有些虛名所以他們來請難道先生這樣大名還站不得封面只是你我兩個只可獨站不可合站其中有個緣故蘧公孫道是何緣故馬二先生道這事不過是名利二者小弟一不肯自己壞了名自認做趨利假若把你先生寫在第二名那些世俗人就疑惑刻資出自先生小弟豈不是個利徒了若把先生寫在第一名小弟這數十年虛名豈

不都是假的了還有個反面文章是如此算計先生自想也是這樣算計說着坊裏捧出先生的飯來一碗爊青菜兩個小菜碟馬二先生道這沒菜的飯不好留先生用柰何蘧公孫道道個何妨但我曉得長兄先生也是吃不慣素飯的我這裏帶的有銀子忙取出一塊來叫店主人家的二漢買了一碗熟肉來兩人同吃了公孫別去在家裏每晚同魯小姐課子到三四更鼓或一天遇着那小兒子書背不熟小姐就要

督責他念到天亮倒先打發公孫到書房裏去睡雙紅這小丫頭在傍遞茶遞水極其小心他會念詩常拏些詩來求講公孫也畧替他講講因心裏喜他殷勤就把收的王觀察的個舊枕箱把與他盛花兒針線又無意中把遇見王觀察這一件事向他說了不想宦成這奴才小時同他有約竟大胆走到嘉興把這丫頭拐了去公孫知道大怒報了秀水縣出批文拏了回來兩口子看守在差人家央人來求公孫情愿出

幾十兩銀子與公孫做了頭的身價求賞與他做老婆公孫斷然不依差人要帶着宦成回官少不得打一頓板子把丫頭斷了回來一回兩回詐他的銀子宦成的銀子使完衣服都當盡了那晚在差人家兩口子商議要把這個舊枕箱拏出去賣幾十個錢來買飯吃雙紅是個丫頭家不知人事向宦成說道這箱子是一位做大官的老爺的想是值的銀子多幾十個錢賣了豈不可惜宦成問是遽老爺的是魯老爺的

了頭道都不是說這官比蘧太爺的官大多着哩我也是聽見姑爺說這是一位王太爺就接蘧太爺南昌的任後來這位王太爺做了不知多大的官就和寧王相與寧王日夜要想殺皇帝皇帝先把寧王殺了又要殺這王太爺王太爺走到浙江來不知怎的又說皇帝要他這個箱子王太爺不敢帶在身邊走恐怕搜出來就交與姑爺姑爺放在家裏閙着借與我盛些花不曉的我帶了出來我想皇帝都想要的東西

不知是值多少錢你不見箱子裏還有王太爺寫的字在上官成道皇帝也未必是要他這個箱子必有別的緣故這箱子能值幾文那差人一脚把門踢開走進來罵道你這倒運鬼放着這樣大財不發還在這裏受瘟罪官成道老爺我有甚麽財發差人道你這痴孩子我要傳受了便宜你的狼哩老婆白白送你還可以發得幾百銀子財你須要大大的請我將來銀子同我平分我纔和你說官成道只要有銀子平分

是罷了請是請不起的除非明日賣了枕箱子請老爺差人道賣箱子句還了得就沒戲唱了你沒有錢我借錢與你不但今日晚裏的酒錢從明日起要用同我商量我替你設法了來總要加倍還我又道我竟在裏面扣除怕你拘到那裏去差人卽時拏出二百文買酒買肉同宦成兩口子喫算是借與宦成的記一筆賬在那里吃着宦成問道老爹說我有甚麼財發差人道今日且吃酒明日再說當夜猜三划五吃了

半夜把二百文都吃完了宦成這奴才吃了個
盡醉兩口子睡到日中還不起來差人已是清
晨出門去了尋了一個老練的差人商議告訴
他如此這般事還是竟弄破了好還是開弓不
放箭大家弄幾個錢有益被老差人一口大啐
道這個事都講破句破了還有個大風如今只
是悶着同他講不怕他不拏出錢來還虧你當
了這幾十年的門户利害也不曉得遇着這樣
事還要講破句破你娘的頭罵的這差人又羞

又喜慌跑回來見宦成還不曾起來說道好快活這一會像兩個狗戀着快起來和你說話宦成慌忙起來出了房門差人道和你到外邊去說話兩人拉着手到街上一個僻靜茶室裏坐下差人道你這獃孩子只曉得吃酒吃飯要同女人睡覺放着這樣一主大財不會發豈不是如入寶山空手回宦成道老爹指教便是差人道我指點你你却不要過了廟不下雨說着一個人在門首過叫了差人一聲老爹走過去了

差人見那人出神叫宦成坐着自己悄悄尾了那人去只聽得那人口裏抱怨道白白給他打了一頓却是沒有傷喊不得寃待要自己做出傷來官府又會驗的出差人悄悄的拾了一塊磚頭兒神的走上去把頭一打打了一個大洞那鮮血直流出來那人嚇了一跳問差人道這是怎的差人道你方纔說沒有傷這不是傷麼又不是自己弄出來的不怕老爺會驗還不快去喊寃哩那人到着實感激謝了他把那血用

手一抹塗成一個血臉往縣前喊冤去了宦成站在茶室門口望聽見這些話又學了一個乖差人回來坐下說道我昨晚聽見你當家的說枕箱是那王太爺的王太爺降了寧王又逃走了是個欽犯這箱子便是個欽贓他家裏交結欽犯藏着欽贓若還首出來就是殺頭充軍的罪他還敢怎樣你宦成聽了他這一席話如夢方醒說道老爹我而今就寫呈去首差人道獃兄弟這又沒主意了你首了句就把他一家殺

個精光與你也無益弄不着他一個錢況你又同他無仇如今只消串出個人來嚇他一嚇嚇出幾百兩銀子來把丫頭白白送你做老婆不要身價這事就罷了宦成道多謝老爹費心如今只求老爹替我做主差人道你且莫慌當下還了茶錢同走出來差人囑付道這話到家在丫頭跟前不可露出一字宦成應諾了從此差人借了銀子宦成大酒大肉且落得快活遶公孫催着回官差人只騰挪着混他今日就說明

日明日就說後日後日又說再遲三五日公孫急了要寫呈子告差人差人宦成道這事却要動手了因問遷小相平日可有一個相厚的人宦成道遷却不知道回去問了丫頭丫頭道他在湖州相與的人多這里却不曾見我只聽得有個書店裏姓馬的來往了幾次宦成將這話告訴差人差人道這就容易了便去尋代書寫下一張出首叛逆的呈子帶在身邊到大街上一路書店問去問到文海樓一直進去請馬先生說

話馬二先生見是縣裏人不知何事只得邀他上樓坐下差人道先生一向可同做南昌府的蘧家蘧小相兒相與馬二先生道這是我極好的弟兄頭翁你問他怎的差人兩邊一望道這裏沒有外人麼馬二先生道沒有把座子移近跟前拏出這張呈子來與馬二先生看道他家竟有這件事我們公門裏好修行所以通個信給他早爲料理怎肯壞這個良心馬二先生看完面如土色又問了備細向差人道這事斷斷

破不得既承頭翁好心千萬將呈子捺下他却不在家到墳上修理去了等他來時商議差人道他今日就要遞這是犯關節的事誰人敢捺馬二先生慌了道這個如何了得差人道先生你一個子曰行的人怎這樣沒主意自古錢到公事辦火到猪頭爛只要破此銀子把這枕箱買了回來這事便罷了馬二先生拍手道好主意當下鎖了樓門同差人到酒店裏馬二先生做東大盤大碗請差人吃着商議此事只因這

一番有分教通都大邑來了幾位選家僻壤窮鄉出了一尊名士畢竟差人要多少銀子贖這枕箱且聽下回分解

革囊一開使閱者失笑然書中正不乏此等人凡講勢要矜權貴無非帶假面嚇鬼作者正借一張鐵臂引起無數張鐵臂也

看張鐵許多做作儼然妙手空空此何異徒習名士腔調而不知其中之烏有也作者殆文爲若輩對下一針

儒林外史

儒林外史第十四回

蘧公孫書坊送良友　馬秀才山洞遇神仙

話說馬二先生在酒店裏同差人商議要替蘧公孫贖枕箱差人道這奴才手裏拏着一張首呈就像拾到了有利的票子銀子少了他怎肯就把這欽贓放出來極少也要三二百銀子還要我去拏話嚇他這事弄破了一來與你無益二來欽案官司過司由院一路衙門你都要跟着走你自已算計可有這些閒錢陪著打這樣

的惡官司是這樣嚇他他又見了幾個衙心的錢這事纔得了我是一片本心特地來報信我也只願得無事落得河水不洗船但做事也要打蛇打七寸纔妙你先生請上裁馬二先生搖頭道二三百兩是不能不要說他現今不在家是我替他設法就是他在家裏雖然他家太爺做了幾任官而今也家道中落那裏一時拏的許多銀子出來差人道既然沒有銀子他本人又不見面我們不要就誤他的事把呈子丟還

他隨他去鬧罷了馬二先生道不是這樣說你同他是個淡交我同他是深交眼睜睜看他有事不能替他掩下來這就不成個朋友了但是要做的來差人道可又來你要做的來我也要做的來馬二先生道頭翁我和你從長商議實不相瞞在此選書東家包我幾個月有幾兩銀子束修我還要留着些用他這一件事勞你去和宦成說我這裏將就墊二三十兩銀子把與他他也只當是拾到的解了這個冤家罷差人

惱了道這個正合着古語瞞天討價就地還錢我說二三百銀子你就說二三十兩戴着斗笠親嘴差着一帽子怪不得人說你們詩云子曰的人難講話這樣看來你好像老鼠尾把上害癤子出膿也不多倒是我多事不該來惹這婆子口舌說罷站起身來謝了擾辭別就往外走馬二先生拉住道請坐再說急怎的我方纔這些話你道我不出本心麼他其實不在家我又不是先知了風聲把他藏起和你講價錢況且

你們一塊土的人彼此是知道的蘧公孫是甚麽慷慨脚色這宗銀子知道他認不認幾時還我只是由着他弄出事來後日懊悔遲了總之這件事我也是個傍人你也是個傍人我如今認些晦氣你也要極力帮些一個出力一個出錢也算積下一個莫大的陰功若是我兩人先參差著就不是共事的道理了差人道馬老先生而今這銀子我也不問是你出是他出你們原是氈襪裹脚靴但須要我効勞的來老實一

句打開板壁講亮話這事一些半些幾十兩銀子的話橫竪做不來沒有三百也要二百兩銀子纔有商議我又不要你十兩五兩沒來由把難題目把你做怎的馬二先生見他這話說頂了真心裏著急道頭翁我的束修其實只得一百兩銀子這些時用掉了幾兩還要留兩把作盤費到杭州去擠的乾乾淨淨抖了包只擠的出九十二兩銀子來一釐也不得多你若不信我同你到下處去拏與你看此外行李箱子內

聽憑你搜若搜出一錢銀子來你把我不當人就是這個意思你替我維持去如斷然不能我也就沒法了他也只好怨他的命差人道先生像你這樣血心爲朋友難道我們當差的心不是肉做的自古山水尚有相逢之日豈可人不留個相與只是這行瘟的奴才頭高不知可說的下去又想一想道我還有個主意又合着古語說秀才人情紙半張現今了頭已是他拐到手了又有這些事料想要不回來不如趁此就

寫一張婚書上寫收了他身價銀一百兩合着你這九十多不將有二百之數這分明是有名無實的却塞得住這小厮的嘴這個計較何如馬二先生道這也罷了只要你做的來這一張紙何難我就可以做主當下說定了店裏會了賬馬二先生回到下處候着差人假作去會官成去了半日回到文海樓馬二先生接到樓上差人道爲這件事不知費了多少唇舌那小奴才就像我求他的定要一千八百的亂說說他

家值多少就認給他多少落後我急了要帶他回官說先問了你這奸拐的罪回過老爺把你納在監裏看你到那里去出首他纔慌了依著我說我把他枕箱先賺了來現放在樓下店裏先生快寫起婚書來把銀子兌清我再打一個稟帖銷了案打發這奴才走清秋大路免得又生出枝葉來馬二先生道你這賺法甚好婚書已經寫下了隨即同銀子交與差人差人打開看足足九十二兩把箱子拏上樓來交與馬二

先生拏着婚書銀子去了回到家中把婚書藏起另外開了一篇細賬借貸吃用衙門使費共開出七十多兩只剩了十幾兩銀子遞與宦成宦成嫌少被他一頓罵道你奸拐了人家使女犯着官法若不是我替你遮蓋怕老爺不會打折你的狗腿我倒替你白白的騙一個老婆又騙了許多銀子不討你一聲知感反問我找銀子來我如今帶你去回老爺先把你這奸情事打幾十板子丫頭便傳蘧家領去叫你吃不了

的苦挽着走官成被他罵得閉口無言忙收了銀子千恩萬謝領著雙紅往他州外府尋生意去了蘧公孫從墳上回來正要去問差人催着回官只見馬二先生來候請在書房坐下問了些墳上的事務慢慢說到這件事上來蘧公孫初時還含糊馬二先生道長兄你這事還要瞞我麽你的枕箱現在我下處樓上公孫聽見枕箱臉便飛紅了馬二先生遂把差人怎樣來說我怎樣商議後來怎樣怎樣我把選書的九十

幾兩銀子給了他纔買回這個東西來而今幸得平安無事就是我這一項銀子也是爲朋友上一時激于意氣難道就要你還但不得不告訴你一遍明日叫人到我那里把箱子拏來或是劈開了或是竟燒化了不可再留着惹事公孫聽罷大驚忙取一把椅子放在中間把馬二先生捺了坐下倒身拜了四拜請他坐在書房裏自走進去如此這般把方纔這些話說與乃眷魯小姐又道像這樣的纔是斯文骨月朋友

有意氣有肝胆相與了這樣正人君子也不枉了像我婁家表叔結交了多少人一個個出乖露醜若聽見這樣話豈不羞死曾小姐也着實感激備飯留馬二先生吃過叫人跟去將箱子取來毀了次日馬二先生來辭别要往杭州公孫道長兄先生纔得相聚爲甚麽便要去馬二先生道我原在杭州選書因這文海樓請我來選這一部書今已選完在此就沒事了公孫道選書已完何不搬來我小齋住着早晚請教馬

二先生道你此時還不是養客的時候況且杭州各書店裏等着我選考卷還有些未了的事没奈何只得要去到是先生得閒來西湖上走走那西湖山光水色頗可以添文思公孫不能相強要留他辦酒席餞行馬二先生道還要到別的朋友家告別說罷去了公孫送了出來到次日公孫封了二兩銀子備了些薰肉小菜親自到文海樓來送行要了兩部新選的墨卷回去馬二先生上船一直來到斷河頭問文瀚樓

的書坊乃是文海樓一家到那里去住住了幾日沒有甚麽文章選腰裏帶了幾個錢要到西湖上走走這西湖乃是天下第一個眞山眞水的景致且不說那靈隱的幽深天竺的清雅只這出了錢塘門過聖因寺上了蘇堤中間是金沙港轉過去就望見雷峯塔到了淨慈寺有十多里路眞乃五步一樓十步一閣一處是金粉樓臺一處是竹籬茅舍一處是桃柳爭妍一處是桑蔴遍野那些賣酒的青帘高颺賣茶的紅

炭滿爐士女遊人絡繹不絕真不數三十六家花酒店七十二座管絃樓馬二先生獨自一個帶了幾個錢步出錢塘門在茶亭裏吃了幾碗茶到西湖沿上牌樓跟前坐下見那一船一船鄉下婦女來燒香的都梳著挑鬢頭也有穿藍的也有穿青綠衣裳的年紀小的都穿些紅紬单裙子也有模樣生的好些的都是一個大團白臉兩個大高顴骨也有許多疤麻疥癩的一頓飯時就來了有五六船那些女人後面都跟

着自己的漢子揹着一把傘手裏拏着一個衣包上了岸散往各廟裏去了馬二先生看了一遍不在意裏起來又走了里把多路望着湖沿上接連着幾個酒店掛着透肥的羊肉櫃臺上盤子裏盛着滚熱的蹄子海參糟鴨鮮魚鍋裏煮着餛飩蒸籠上蒸着極大的饅頭馬二先生没有錢買了吃喉嚨裏嚥唾沫只得走進一個麵店十六個錢吃了一碗麵肚裏不飽又走到間壁一個茶室吃了一碗茶買了兩個錢處片

嚼嚼到覺得有些滋味吃完了出來看見西湖沿上柳陰下繫着兩隻船那船上女客在那里換衣裳一個脫去元色外套換了一件水田披風一個脫去天青外套換了一件玉色繡的八團衣服一個中年的脫去寶藍緞衫換了一件天青緞二色金的繡衫那些跟從的女客十幾個人也都換了衣裳這三位女客一位跟前一個丫鬟手持黑紗團香扇替他遮着日頭緩步上岸那頭上珍珠的白光直射多遠裙上環珮

丁丁噹噹的響馬二先生低着頭走了過去不曾仰視往前走過了六橋轉個灣便像些村鄉地方又有人家的棺材厝基中間走了一二里多路走也走不清甚是可厭馬二先生欲待回家遇着一走路的問道前面可還有好頑的所在那人道轉過去便是淨慈雷峰怎麽不好頑馬二先生又往前走走到半里路見一座樓臺蓋在水中間隔着一到板橋馬二先生從橋上走過去門口也是個茶室吃了一碗茶裏面的

門鎖着馬二先生要進去看管門的問他要了一個錢開了門放進去裏面是三間大樓樓上供的是仁宗皇帝的御書馬二先生嚇了一跳慌忙整一整頭巾理一理寶藍直裰在靴桶內拏出一把扇子來當了笏板恭恭敬敬朝着樓上揚塵舞蹈拜了五拜拜畢起來定一定神照舊在茶桌子上坐下傍邊有個花園賣茶的人說是布政司房裏的人在此請客不好進去那廚房却在外面那熱湯湯的燕窩海參一碗碗

在跟前捧過去馬二先生又羨慕了一番出來過了雷峰遠遠望見高高下下許多房子蓋着琉璃瓦曲曲折折無數的朱紅欄杆馬二先生走到跟前看見一個極高的山門一個直匾金字上寫着敕賜淨慈禪寺山門傍邊一個小門馬二先生走了進去一個大寬展的院落地下都是水磨的磚纔進二道山門兩邊廊上都是幾十層極高的堦級那些富貴人家的女客成羣逐隊裏裏外外來往不絕都穿的是錦繡衣

服風吹起來身上的香一陣陣的撲人鼻子馬二先生身子又長戴一頂高方巾一幅烏黑的臉挺着個肚子穿着一雙厚底破靴橫着身子亂跑只管在人窩子裏撞女人也不看他他也不看女人前前後後跑了一交又出來坐在那茶亭內上面一個橫匾金書南屏兩字吃了一碗茶櫃上擺着許多碟子橘餅芝蔴糖粽子燒餅處片黑棗煮栗子馬二先生每樣買了幾個錢的不論好歹吃了一飽馬二先生也倦了直

着脚跑進清波門到了下處關門睡了因爲走多了路在下處睡了一天第三日起來要到城隍山走走城隍山就是吳山就在城中馬二先生走不多遠已到了山脚下望着幾十層階級走了上去橫過來又是幾十層階級馬二先生一氣走上不覺氣喘看見一個大廟門前賣茶吃了一碗進去見是吳相國伍公之廟馬二先生作了個揖逐細的把匾聯看了一徧又走上去就像沒有路的一般左邊一個門門上釘着

一個匾匾上片石居三個字裏面也想是個花園有些樓閣馬二先生步了進去看見牕櫺關着馬二先生在門外望裏張了一張見幾個人圍着一張棹子擺着一座香爐衆人圍着像是請仙的意思馬二先生想道這是他們請仙判斷功名大事我也進去問一問站了一會望見那人磕頭起來傍邊人道請了一個才女來了馬二先生聽了暗笑又一會一個問道可是李清照又一個問道可是蘇若蘭又一個拍手道

原來是朱淑貞馬二先生道這些甚麽人料想不是管功名的了我不如去罷又轉過兩個灣上了幾層階級只見平坦的一条大街左邊靠着山一路有幾個廟宇右邊一路一間一間的房子都有兩進屋後一進窗子大開着空空闊闊一眼隱隱望得見錢塘江那房子也有賣酒的也有賣耍貨的也有賣餃兒的也有賣麵的也有賣茶的也有測字算命的廟門口都擺的是茶桌子這一條街单是賣茶就有三十多處

十分熱鬧馬二先生正走着見茶鋪了裏一個油頭粉面的女人招呼他吃茶馬二先生别轉頭來就走到間壁一個茶室泡了一碗茶看見有賣的蓑衣餅叫打了十二個錢的餅吃了略覺有些意思走上去一個大廟甚是巍峩便是城隍廟他便一直走進去瞻仰了一番過了城隍廟又是一個灣又是一條小街街上酒樓麵店都有還有幾個簇新的書店店裏帖着報单上寫處州馬純上先生精選三科程墨持運於

此發賣馬二先生見了歡喜走進書店坐坐取過一本來看問個價錢又問這書可還行書店人道墨卷只行得一時那里比得古書馬二先生起身出來因略歇了一歇腳就又往上走過這一條街上面無房子了是極高的個山岡一步步去走到山岡上左邊望着錢塘江明明白白那日江上無風水平如鏡過江的船船上有轎子都看得明白再走上些右邊又看得見西湖雷峰一帶湖心亭都望見那西湖裏打魚船

一個一個如小鴨子浮在水面馬二先生心曠神怡只管走了上去又看見一個大廟門擺著茶桌子賣茶馬二先生兩脚酸了且坐吃茶吃著兩邊一望一邊是江一邊是湖又有那山色一轉圍著又遥見隔江的山高高低低忽隱忽現馬二先生嘆道真乃載華嶽而不重振河海而不洩萬物載焉吃了兩碗茶肚裏正餓思量要回去路上吃飯恰好一個鄉里人捧着許多湯麵薄餅來賣又有一籃子煮熟的牛肉馬二

先生大喜買了幾十文餅和牛肉就在茶桌子
上儘興一吃吃得飽了自思趁着飽再上去走
上一箭多路只見左邊一條小徑莽榛蔓草兩
邊擁塞馬二先生照着這條路走去見那玲瓏
怪石千奇萬狀鑽進一個石罅見石壁上多少
名人題詠馬二先生也不看他過了一個小石
橋照着那極窄的石磴走上去又是一座大廟
又有一座石橋甚不好走馬二先生攀藤附葛
走過橋去見是個小小的祠宇上有匾額寫着

丁仙之祠馬二先生走進去見中間塑一個仙人左邊一個仙鶴右邊豎着一座二十個字的碑馬二先生見有籤筒思量我困在此處何不求個籤問問吉凶正要上前展拜只聽得背後一人道若要發財何不問我馬二先生回頭一看見祠門口立着一個人身長八尺頭戴方巾身穿繭紬直裰左手自理着腰裏絲縧右手拄着龍頭拐杖一部大白鬚直垂過臍飄飄有神仙之表只因遇着這個人有分教慷慨仗義銀

錢去而復來廣結交遊人物久而愈盛畢竟此
人是誰且聽下回分解
馬二先生讚嘆風景只道得中庸數語其胸
中僅容得高頭講章一部可知

儒林外史第十五回

葬神仙馬秀才送喪　思父母匡童生盡孝

話說馬二先生在丁仙祠正要跪下求籤後面一人叫一聲馬二先生馬二先生回頭一看那人像個神仙慌忙上前施禮道學生不知先生到此有失迎接但與先生素昧平生何以便知學生姓馬那人道天下何人不識君先生既遇着老夫不必求籤了且同到敝寓談談馬二先生道尊寓在那里那人指道就在此處不遠當

下攜了馬二先生的手走出了仙祠却是一條平坦大路一塊石頭也沒有未及一刻功夫已到了伍相國廟門口馬二先生心里疑惑原來有這近路我方纔走錯了又疑惑恐是神仙縮地騰雲之法也不可知來到廟門口那人道這便是敝寓請進去坐那知這伍相國殿後有極大的地方又有花園園裏有五間大樓四面窗子望江望湖那人就住在這樓上邀馬二先生上樓施禮坐下那人四個長隨齊齊整整都穿

着紬緞衣服每人腳下一雙新靴上來小心獻茶那人吩咐備飯一齊應諾下去了馬二先生舉眼一看樓中間掛着一張匹紙上寫米盤大的二十八個大字一首絕句詩道南渡年來此地遊而今不比舊風流湖光山色渾無賴揮手清吟過十洲後面一行寫天台洪憨仙題馬二先生看過綱鑑知道南渡是宋高宗的事屈指一算已是三百多年而今還在一定是個神仙無疑因問道這佳作是老先生的那仙人道憨

仙便是賤號偶爾遣興之作頗不足觀先生若爱看詩句前時在此有同撫臺藩臺及諸位當事在湖上唱和的一卷詩取來請教便拏出一個手卷來馬二先生放開一看都是各當事的親筆一遞一首都是七言律詩詠的西湖上的景圖書新鮮着實贊了一回收遞過去捧上飯來一大盤稀爛的羊肉一盤糟鴨一大碗火腿蝦圓雜膾又是一碗清湯雖是便飯却也這般熱鬧馬二先生腹中尚飽因不好辜負了仙人

的意思又儘力的吃了一餐撒下家伙去洪憨仙道先生久享大名書坊敦請不歇今日因甚閑暇到這祠裏來求籤馬二先生道不瞞老先生說晚學今年在嘉興選了一部文章送了幾十金却為一個朋友的事墊用去了如今來到此處雖住在書房裏却沒有甚麼文章選寓處盤費已盡心裏納悶出來閑走走要在這仙祠裏求個籤問問可有發財機會誰想遇着老先生已經說破晚生心事這籤也不必求了洪憨

仙道發財也不難但大財須緩一步自今權且發個小財好麼馬二先生道只要發財那論大小只不知老先生是甚麼道理洪憨仙沈吟了一會說道也罷我如今將些須物件送與先生你拏到下處去試一試如果有效驗再來問我取討如不相干別作商議因走進房內床頭邊摸出一個包子來打開裏面有幾塊黑煤遞與馬二先生道你將這東西拏到下處燒起一爐火來取個罐子把他頓在上面看成些甚麼東

西再來和我說馬二先生接着別了憨仙回到下處晚間果然燒起一爐火來把罐子頓上那火支支的響了一陣取罐傾了出來竟是一錠細絲紋銀馬二先生喜出望外一連傾了六七罐倒出六七錠大紋銀馬二先生疑惑不知可用得當夜睡了次日清早上街到錢店裏去看錢店都說是十足紋銀隨卽換了幾千錢拿回下處來馬二先生把錢收了赶到洪憨仙下處來謝憨仙已迎出門來道昨晚之事如何馬二

先生道果是仙家妙用如此這般告訴憨仙傾出多少紋銀憨仙道早哩我這里還有些先生再拏去試試又取出一個包子來比前有三四倍送與馬二先生又留着吃過飯别了回來馬二先生一連在下處住了六七日每日燒爐傾銀子把那些黑煤都傾完了上戥子一秤足有八九十兩重馬二先生歡喜無限一包一包收在那里一日憨先來請說話馬二先生走來憨仙道先仙你是處州我是台州相近原要算桑

里今日有個客來拜我我和你要認作中表弟兄將來自有一番交際斷不可慢馬二先生道請問這位尊客是誰慈仙道便是這城裏胡尚書家三公子名縝字密之尚書公遺下宦囊不少這位公子却有錢癖思量多多益善要學我這燒銀之法眼下可以拏出萬金來以爲爐火藥物之費但此事須一居間之人先生大名他是知道的況在書坊操選是有蹤跡可尋的人他更可以放心如今相會過訂了此事到七七

四十九日之後成了銀母凡一切銅錫之物點着即成黄金豈止數十百萬我是用他不着那時告别還山先生得這銀母家道自此也可小康了馬二先生見他這般神術有甚麽不信坐在下處等了胡三公子來三公子同憨仙施禮便請問馬二先生貴鄉貴姓憨仙道這是舍弟各書坊所貼處州馬純上先生選三科墨程的便是胡三公子改容相接施禮坐下三公子舉眼一看見憨仙人物軒昂行李華麗四個長隨

輪流獻茶又有選家馬先生是至戚歡喜放心之極坐了一會去了次日憨仙同馬二先生坐轎子回拜胡府馬二先生又送了一部新選的墨卷三公子留着談了半日回到下處頃刻胡家管家來下請帖兩副一副寫洪太爺一副寫馬老爺帖子上是明日湖亭一巵小集候教胡縝拜訂持帖人說道家老爺拜上太爺席設在西湖花港御書樓旁園子裏請太爺和馬老爺明日早些憨仙收下帖子次日兩人坐轎來到

花港園門大開胡三公子先在那里等候兩席酒一本戲吃了一日馬二先生坐在席上想起前日獨自一個看着別人吃酒席今日恰好人請我也在這裏當下極豐盛的酒饌點心馬二先生用了一飽胡三公子約定三五日再請到家寫立合同央馬二先生居間然後打掃家裏花園以爲丹室先兌出一萬銀子託憨仙修製藥物請到丹室內住下三人說定到晚席散馬二先生坐轎竟回文瀚樓一連四天不見憨仙

有人來請便走去看他一進了門見那幾個長隨不勝慌張問其所以憨仙病倒了症候甚重醫生說䬣息不好已是不肯下葯馬二先生大驚急上樓進房內去看已是淹淹一息頭也擡不起來馬二先生心好就在這里相伴晚間也不回去挨過兩日多那憨仙壽數已盡斷氣身亡那四個人慌了手脚寓處擄一擄只得四五件紬緞衣服還當得幾兩銀子其餘一無所有幾個箱子都是空的這幾個人也並非長隨是

一個兒子兩個姪兒一個女壻這時都說出來馬二先生聽在肚裏替他着急此時棺材也不夠買馬二先生有良心趕着下處去取了十兩銀子來與他們料理兒子守着哭泣姪子上街買棺材女壻無事同馬二先生到間壁茶館裏談談馬二先生道你令岳是個活神仙今年活了三百多歲怎麼忽然又死起來女壻道笑話他老人家今年只得六十六歲那里有甚麼三百歲想着他老人家也就是個不守本分慣弄

玄虛尋了錢又混用掉了而今落得這一個收場不瞞老先生說我們都是買賣人丟着生意同他做這虛頭事他而今直腳去了累我們討飯回鄉那里說起馬二先生道他老人家床頭間有那一包一包的黑煤燒起爐來一傾就是紋銀女壻道那里是甚麼黑煤那就是銀子用煤煤黑了的一下了爐銀子本色就現出來了那原是個做出來哄人的用完了那些就沒的用了馬二先生道還有一說他若不是神仙怎

的在丁仙祠初見我的時候並不曾認得我就知我姓馬女壻道你又差了他那日在片石居扶乩出來看見你坐在書店看書書店問你尊姓你說我就是書面上馬甚麼他聽了知道的世間那里來的神仙馬二先生恍然大悟他原來結交我是要借我騙胡三公子幸得胡家時運高不得上算又想道他虧負了我甚麼我到底該感激他當下回來候着他裝殮算還廟里房錢叫脚子抬到清波門外厝着馬二先生備

個牲醴帋錢送到厝所看着用磚砌好了剩的銀子那四個人做盤程謝別去了馬二先生送殯回來依舊到城隍山吃茶忽見茶室傍邊添了一張小桌子一個少年坐着拆字那少年雖則瘦小却還有些精神却又古怪面前擺着字盤筆硯手里却拿着一本書看馬二先生心裏詫異假作要拆字走近前一看原來就是他新選的三科程墨持運馬二先生竟走到桌傍板櫈上坐下那少年丢下文章問道是要拆字的

馬二先生道我走倒了借此坐坐那少年道請坐我去取茶來即向茶室裏開了一碗茶送在馬二先生跟前陪着坐下馬二先生見他乖覺問道長兄你貴姓可就是這本城人那少年又看見他戴着方巾知道是學裏朋友便道晚生姓匡不是本城人晚生在溫州府樂清縣住馬二先生見他戴頂破帽身穿一件单布衣服甚是藍縷因說道長兄你離家數百里來省做這件道路這事是尋不出大錢來的連餬口也不

足你今年多少尊庚家下可有父母妻子我看你這般勤學想也是個讀書人那少年道晚生今年二十二歲還不曾娶過妻子家裏父母俱存自小也上過幾年學因是家寒無力讀不成了去年跟着一個賣柴的客人來省城在柴行裏記賬不想客人消折了本錢不得回家我就流落在此前日一個家鄉人來說我父親在家有病于今不知個存亡是這般苦楚說着那眼淚如豆子大掉子下來馬二先生着實惻然說

道你且不要傷心你尊諱尊字是甚麼那少年收淚道晚生呌匡迥號超人還不曾請問先生仙鄉貴姓馬二先生道這不必問你方纔看的文章封面上馬純上就是我了匡超人聽了這話慌忙作揖磕下頭去說道晚生眞乃有眼不識泰山馬二先生忙還了禮說道快不要如此我和你萍水相逢斯文骨月這拆字到晚也有限了長兒何不收了同我到下處談談匡超人道這個最好先生請坐等我把東西收了當下

將筆硯紙盤收了做一包背着同桌櫈寄在對
門廟裏跟馬二先生到文瀚樓馬二先生到文
樓開了房門坐下馬二先生問道長兄你此時
心裏可還想着讀書上進還想着家去看看尊
公麼匡超人見問這話又落下淚來道先生我
現今衣食缺少還拏甚麽本錢想讀書上進這
是不能的了只是父親在家患病我爲人子的
不能回去奉侍禽獸也不如所以幾回自心裏
恨極不如早尋一個死處馬二先生勸道快不

要如此只你一點孝思就是天地也感格的動了你且坐下我收拾飯與你吃當下留他吃了晚飯又問道比如長兄你如今要回家去須得多少盤程匡超人道先生我那里還講多少只這幾天水路搭船到了旱路上我難道還想坐山轎不成背了行李走就是飯食少兩餐也罷我只要到父親跟前死也瞑目馬二先生道這也使得你今晚且在我這里住一夜慢慢商量到晚馬二先生又問道你當時讀過幾年書文

章可曾成過篇匡超人道成過篇的馬二先生笑着向他說我如今大胆出個題目你做一篇我看看你筆下可望得進學這個使得麼匡超人道正要請教先生只是不通先生休笑馬二先生道說那里話我出一題你明日做說罷出了題送他在那邊睡次日馬二先生纔起來他文章已是停停當當送了過來馬二先生喜道又勤學又敏捷可敬可敬把那文章看了一遍道文章才氣是有只是理法欠些將文章按在

桌上拏筆點着從頭至尾講了許多虛實反正吞吐含蓄之法與他他作揖謝了要去馬二先生道休慌你在此終不是個長策我送你盤費回去匡超人道若蒙資助只借出一兩銀子就好了馬二先生道不然你這一到家也要些須有個本錢奉養父母纔得有功夫讀書我這里竟拏十兩銀子與你你回去做些生意請醫生看你尊翁的病當下開箱子取出十兩一封銀子又尋了一件舊棉襖一雙鞋都遞與他道這

銀子你拏家去這鞋和衣服恐怕路上冷早晚穿穿匡超人接了衣裳銀子兩淚交流道蒙先生這般相愛我匡迥何以爲報意欲拜爲盟兄將來諸事還要照顧只是大胆不知長兄可肯容納馬二先生大喜當下受了他兩拜又同他拜了兩拜結爲兄弟留他在樓上收拾菜蔬替他餞行吃着向他說道賢弟你聽我說你如今回去奉事父母總以文章舉業爲主人生世上除了這事就沒有第二件可以出頭不要說算

命拆字是下等就是教館作幕都不是個了局只是有本事進了學中了舉人進士即刻就榮宗耀祖這就是孝經上所說的顯親揚名纔是大孝自身也不得受苦古語道得好書中自有黃金屋書中自有千鍾粟書中自有顏如玉而今甚麼是書就是我們的文章選本了賢弟你回去奉養父母總以做舉業爲主就是生意不好奉養不周也不必介意總以做文章爲主那害病的父親睡在床上沒有東西吃果然聽見

你念文章的聲氣他心花開了分明難過也好過分明那里疼也不疼了這便是曾子的養志假如時運不好終身不得中舉一個廪生是掙的來的到後來做任教官也替父母請一道封誥我是百無一能年紀又大了賢弟你少年英敏可細聽愚兄之言圖個日後宦途相見說罷又到自己書架上細細檢了幾部文章塞在他棉袄裏捲着說道這都是好的你拏去讀下匡超人依依不捨又急于要家去看父親只得洒

淚告辭馬二先生攜着手同他到城隍山舊下處取了鋪蓋又送他出清波門一直送到江船上看着上了船馬二先生辭別進城去了匡超人過了錢塘江要搭溫州的船看見一隻船正走着他就問可帶人船家道我們是撫院大人差上鄭老爹的船不帶人的匡超人背着行李正待走船窗裏一個白鬚老者道駕長单身客人帶着也罷了添着你買酒吃船家道既然老爹吩咐客人你上來罷把船撐到岸邊讓他下

了船匡超人放下行李向老爹作了揖看見艙裏三個人中間鄭老爹坐着他兒子坐在旁邊這邊坐着一外府的客人鄭老爹還了禮叫他坐下匡超人爲人乖巧在船上不拏强拏不動强動一口一聲只叫老爹那鄭老爹甚是歡喜有飯叫他同吃飯後行船無事鄭老爹說起而今人情澆薄讀書的人都不孝父母這溫州姓張的弟兄三個都是秀才兩個疑惑老子把家私偏了小兒子在家打吵吵的父親急了出首

到官他兩弟兄在府縣都用了錢倒替他父親做了假哀憐的呈子把這事銷了案虧得學裏一位老師爺持正不依詳了我們大人衙門大人准了差了我到溫州提這一千人犯去那客人道這一提了來審實府縣的老爺不都有碍鄭老爹道審出真情一總都是要參的匡超人聽見這話自心裏歎息有錢的不孝父母像我這窮人要孝父母又不能真乃不平之事過了兩日上岸起早謝了鄭老爹鄭老爹飯錢一個

也不問他要他又謝了一路曉行夜宿來到自
已村庄望見家門只因這一番有分教敦倫修
行終受當事之知實至名歸反作終身之玷不
知後事如何且聽下回分解

馬二先生以一窮酸而能作慷慨丈夫事却
取償於洪憨仙作者於此點醒世人不少

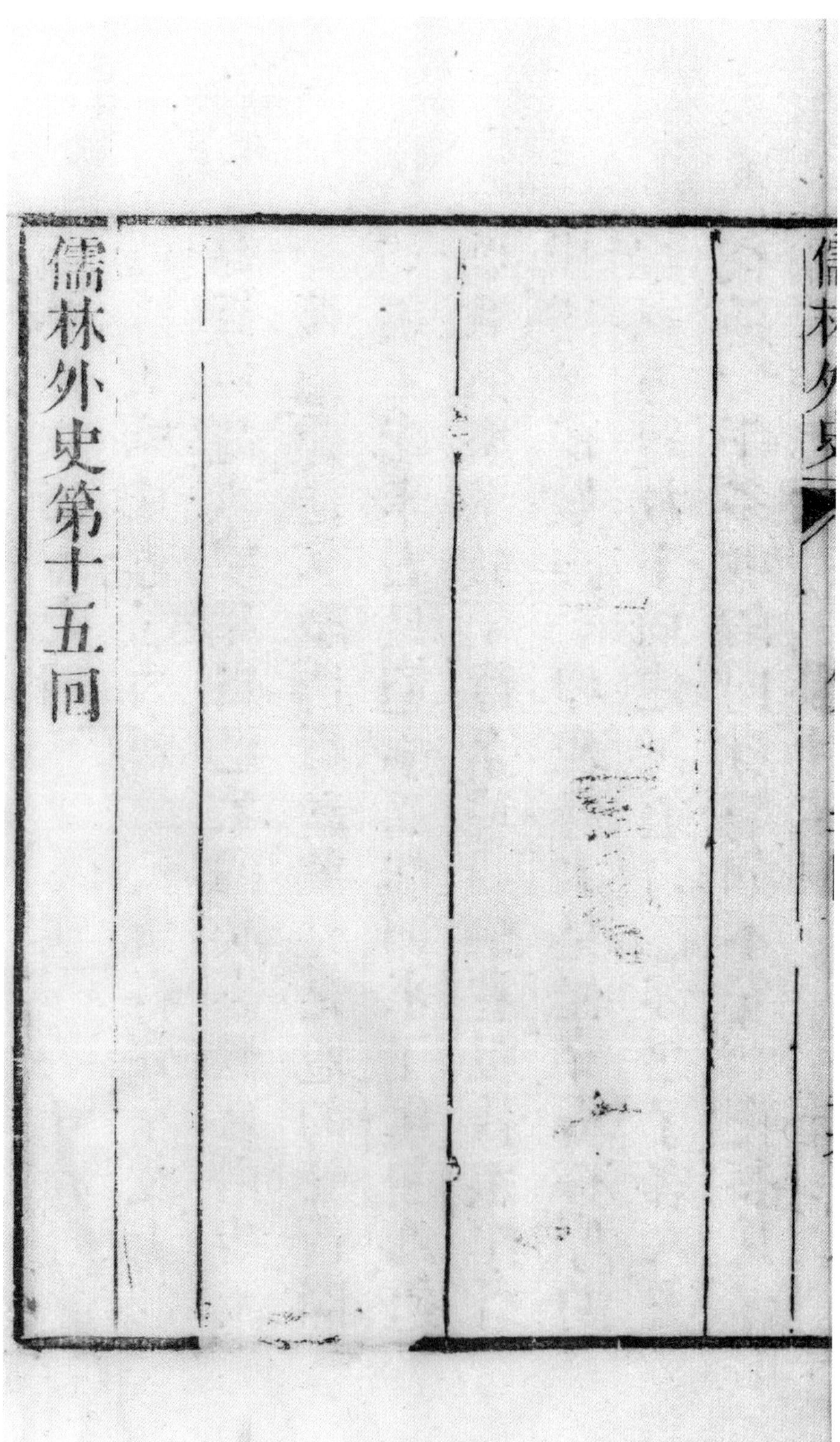
儒林外史第十五回

儒林外史第十六回

大柳庄孝子事親　樂清縣賢宰愛士

話說匡超人望見自己家門心裏歡喜兩步做一步急急走來敲門母親聽見是他的聲音開門迎了出來看見道小二你回來了匡超人道娘我回來了放下行李整一整衣服替娘作揖磕頭他娘捏一捏他身上見他穿着極厚的棉袄方纔放下向他說道自從你跟了客人去後這一年多我的肉身時刻不安一夜夢見你

掉在水裏我哭醒來一夜又夢見你把腿跌折了一夜又夢見你臉上生了一個大疙瘩指與我看我替你拿手拈總拈不掉一夜又夢見你來家望着我哭把我也哭醒了一夜又夢見你頭戴紗帽說做了官我笑着說我一個庄農人家那有官做傍一個人道這官不是你兒子你兒子却也做了官却是今生再也不到你跟前來了我又哭起來說着做了官就不得見面這官就不做他也罷就把這句話哭着吆喝醒了

把你爺也嚇醒了你爹問我我一五一十把這夢告訴你爹你爹說我心想癡了不想就在這半夜你爹就得了病半邊身子動不得而今睡在房裏外邊說着話他父親匡太公在房裏已聽見兒子回來了登時那病就輕鬆些覺得有些精神匡超人走到跟前叫一聲爹兒子回來了上前磕了頭太公叫他坐在床沿上細細告訴他這得病的緣故說道自你去後你三房裏叔子就想着我這個屋我心裏算計也要賣給

他除另尋屋再剩幾兩房價等你回來做個小本生意傍人向我說你這屋是他屋邊屋他謀買你的須要他多出幾兩銀子那知他有錢的人只想便宜豈但不肯多出錢照時値估價還要少幾兩分明知道我等米下鍋要殺我的巧我賭氣不賣給他他就下一個毒串出上手業主拿原價來贖我的業主你曉得的還是我的叔輩他倚恃尊長開口就說本家的產業是賣不斷的我說就是賣不斷這數年的修理也是

要認我的他一個錢不認只要原價回贖那日在祠堂裏彼此爭論他竟把我打起來族間這些有錢的受了三房裏囑託都偏爲着他倒說我不看祖宗面上你哥又沒中用說了幾句道三不着兩的話我着了這口氣回來就病倒了自從我病倒口用益發艱難你哥聽着人說受了原價寫過吐退與他那銀子零星收來都花費了你哥看見不是事同你嫂子商量而今和我分了另吃我想又沒有家私給他自掙自吃

也只得由他他而今每早挑着担子在各處趕集尋的錢兩口子還養不來我又睡在這里終日只有出的氣沒有進的氣間壁又要房子翻蓋不顧死活三五天一回人來催口裏不知多少閒話你又去得不知下落你娘想着一場兩場的哭匡超人道爹這些事都不要焦心且靜靜的養好了病我在杭州虧遇着一個先生他送了我十兩銀子我明日做起個小生意尋些柴米過日子三房裏來催怕怎的等我回他母

親走進來叫他吃飯他跟了走進厨房替嫂子作揖嫂子倒茶與他吃吃罷又吃了飯忙走到集上把剩的盤程錢買了一集猪蹄來家煨着晚上與太公吃買了回來恰好他哥子挑着担子進門他向哥作揖下跪哥扶住了他同坐在堂屋告訴了些家裏的苦楚他哥子愁着眉道老爹而今有些害發了說的話道三不着兩的現今人家催房子挨着總不肯出帶累我受氣他疼的是你你來家早晚說着他些說罷把担

子挑到房裏去匡超人等菜爛了和飯拿到父親面前扶起來坐着太公因兒子回家心裏歡喜又有些葷菜當晚那菜和飯也吃了許多剩下的請了母親同哥進來在太公面前放卓子吃了晚飯太公看着歡喜直坐到更把天氣纔扶了睡下匡超人將被单拿來在太公脚跟頭睡次日清早起來拿銀子到集上買了幾口猪養在圈裏又買了斗把豆子先把猪肯出一個來殺了燙洗乾淨分肌劈理的賣了一早晨又

把豆子磨了一晌豆腐也都賣了錢拿來放在太公床底下就在太公跟前坐着見太公煩悶便搜出些西湖上景致以及賣的各樣的吃食東西又聽得各處的笑話曲曲折折細說與太公聽太公聽了也笑太公過了一會向他道我要出恭快喊你娘進來母親忙走進來正要替太公墊布匡超人道爹要出恭不要這樣出了像這布墊在被窩裏出的也不自在況每日要洗這布娘也怕薰的慌不要薰傷了胃氣太公

道我站的起來出恭倒好了這也是沒奈何匡超人道不要站起來我有道理連忙走到廚下端了一個瓦盆盛上一瓦盆的灰拿進去放在床面前就端了一條板櫈放在瓦盆外邊自己扒上床把太公扶了橫過來兩隻脚放在板櫈上屁股緊對着瓦盆的灰他自己鑽在中間雙膝跪下把太公兩條腿捧着肩上讓太公睡的安安穩穩自在出過恭把太公兩腿扶上床仍舊直過來又出的暢快被窩裏又沒有臭氣他

把板櫈端開瓦盆拿出去倒了依舊進來坐着

到晚又扶太公坐起來吃了晚飯坐一會伏侍

太公睡下蓋好了被他便把省裏帶來的一個

大鐵燈盞裝滿了油坐在太公傍邊拿出文章

來念太公睡不着夜裏要吐痰吃茶一直到四

更鼓他就讀到四更鼓太公叫一聲就在跟前

太公夜裏要出恭從前沒人服侍就要忍到天

亮今番有兒子在傍伺候夜裏要出就出晚飯

也放心多吃幾口匡超人每夜四鼓纔睡只睡

一個更頭便要起來殺猪磨豆腐過了四五日他哥在集上回家的早集上帶了一個小雞子在嫂子房裏煮着又買了一壺酒要替兄弟接風說道這事不必告訴老爹罷匡超人不肯把雞先盛了一碗送與父母剩下的兄弟兩人在堂裏吃着恰好三房的阿叔過來催房子匡超人丢下酒向阿叔作揖下跪阿叔道好呀老二回來了穿的恁厚厚敦敦的棉袄又在外邊學得恁知禮會打躬作揖匡超人道我到家幾日

事忙還不曾來看得阿叔就請坐下吃杯便酒罷阿叔坐下吃了幾杯酒便提到出房子的話匡超人道阿叔莫要性急放着弟兄兩人在此怎敢白賴阿叔的房子住就是没錢與房子租也租兩間出去住了把房子讓阿叔只是而今我父親病着人家說病人移了床不得就好如今我弟兄着急請先生替父親醫若是父親好了作速的讓房子與阿叔就算父親是長病不得就好我們也說不得料理尋房子搬去只管

占着阿叔的不但阿叔要催就是我父母兩個老人家住的也不安阿叔見他這番話說的中聽又婉委又爽快到也沒的說了只說道一個自家人不是我只管要來催因爲要一總折了修理既是你恁說再耽帶些日子罷匡超人道多謝阿叔阿叔但請放心這事也不得過遲那阿叔應諾了要去他哥道阿叔再吃一杯酒阿叔道我不吃了便辭了過去自此以後匡超人的肉和豆腐都賣得生意又燥不到日中就賣

完了把錢拿來家伴着父親算計那日賺的錢多便在集上買個雞鴨或是魚來家與父親吃飯因太公是個痰症不十分宜吃大葷所以要買這些東西或是猪腰子或是猪肚子倒也不斷醫藥是不消說太公日子過得稱心每日每夜出恭小解都是兒子照顧定了出恭一定是匡超人跪在跟前把腿捧在肩頭上太公的病漸漸好了許多也和兩個兒子商議要尋房子搬家到是匡超人說父親的病纔好些索性等

再好幾分扶着起來走得再搬家也不遲那邊人來催都是匡超人支吾過去這匡超人精神最足早半日做生意夜晚伴父親念文章辛苦已極中上得閒還溜到門首同隣居們下象棋那日正是早飯過後他看着太公吃了飯出門無事正和一個本家放牛的在打稻場上將一個稻籮翻過來做了桌子放着一個象棋盤對着只見一個白鬍老者背剪着手來看看了半日在傍邊說道噯老兄這一盤輸了匡超人抬

頭一看認得便是本村大柳庄保正潘老爹因站起身來叫了他一聲作了個揖潘保正道我道是誰方纔幾乎不認得了你是匡太公家匡二相公你從前年出門是幾時回來了的你老爹病在家裏匡超人道不瞞老爹說我來家已是有半年了因爲無事不敢來上門上戶驚動老爹我家父病在床上近來也畧覺好些多謝老爹記念請老爹到舍下奉茶潘保正道不消取擾因走近前替他把帽子升一升又拿他的

手來細細看了說道二相公不是我奉承你我自小學得些麻衣神相法你這骨格是個貴相將來只到二十七八歲就交上好的運氣妻財子祿都是有的現今印堂顏色有些發黃不日就有個貴人星照命又把耳朶邊揹着看看道却也還有個虛驚不大礙事此後運氣一年好似一年哩匡超人道老爹我做這小生意只望着不折了本每日尋得幾個錢養活父母便謝天地菩薩了那里想甚麼富貴輪到我身上潘

保正搖手道不相干這樣事那里是你做的說罷各自散了三房裏催出房子一日緊似一日匡超人支吾不過只得同他硬撐了幾句那里急了發狠說過三日再不出叫人來摘門下瓦匡超人心裏着急又不肯向父親說出過了三日天色晚了正伏待太公出了恭起來太公睡下他把那鉄燈盞點在傍邊念文章忽然聽得門外一聲響亮有幾十人聲一齊吆喝起來他心裏疑惑是三房裏叫多少人來下瓦摘門頂

刻幾百人聲一齊喊起一派紅光把窗紙照得通紅他吽一聲不好了忙開出去看原來是本村失火一家人一齊跑出來說道不好了快些搬他哥睡的夢夢銃銃扒了出來只顧得他一副上集的担子担子裏面的東西又零碎芝蔴糖豆腐乾腐皮泥人小孩子吹的簫打的叮噹女人戴的錫簪子撾着了這一件掉了那一件那糖和泥人斷的斷了碎的碎了弄了一身臭汗纔一總捧起來朝外跑那火頭已是望見有

丈把高一個一個的火團子往天井裏滾嫂子
搶了一包被褥衣裳鞋脚抱着哭哭啼啼反往
後走老奶奶嚇得兩脚軟了一步也挪不動那
火光照耀得四處通紅兩邊喊聲大震匡超人
想别的都不打緊忙進房去搶了一床被在手
內從床上把太公扶起背在身上把兩隻手摟
得緊緊的且不顧母親把太公背在門外空處
坐着又飛跑進來一把拉了嫂子指與他門外
走又把母親扶了背在身上纔得出門那時火

已到門口幾乎沒有出路匡超人道好了父母都救出來了且在空地下把太公放了睡下用被蓋好母親和嫂子坐在跟前再尋他哥時已不知嚇的躲在那里去了那火轟轟烈烈熚熚烞烞一派紅光如金龍亂舞鄉間失火又不知救法水次又遠足足燒了半夜方纔漸漸熄了稻場上都是烟煤兀自有焰騰騰的火氣一村人家房子都燒成空地匡超人沒柰何無存身望見莊南頭大路上一個和尚菴且把太公

背到菴裏叫嫂子扶着母親一步一挨挨到庵門口和尚出來問了不肯收留說道本村失了火凡被燒的都沒有房子住一個個搬到我這庵裏時再蓋兩進屋也住不下况且你又有個病人那里方便呢只見庵內走出一個老翁來定睛看時不是別人就是潘保正匡超人上前作了揖如此這般說了回祿潘保正道匡二相公原來昨晚的火你家也在內可憐匡超人又把要借和尚庵住的話和尚不肯說了一遍潘

保正道師父你不知道匡太公是我們村上有名的忠厚人況且這小二相公好個相貌將來借一定發達你出家人與人方便自己方便權一間屋與他住兩天他自然就搬了去香錢我送與你和尚聽見保正老爹吩咐不敢違拗纔請他一家進去讓出一間房子來匡超人把太公背進庵裏去睡下潘保正進來問候太公太公正謝了保和尚燒了一壺茶來與衆位吃保正回家去了一會又送了些飯和菜來與他壓

驚直到下午他哥纔尋了來反怪兄弟不帮他搶東西匡超人見不是事託保正就在庵傍大路口替他租了間半屋搬去住下幸得那晚原不曾睡下本錢還帶在身邊依舊殺猪磨豆腐過日子晚間點燈念文章太公却因着了這一嚇病更添得重了匡超人雖是憂愁讀書還不歇那日讀到二更多天正讀得高興忽聽窗外鑼響許多火把簇擁着一乘官轎過去後面馬蹄一片聲音自然是本縣知縣過他也不曾住

聲由着他過去了不想這知縣這一晚就在莊上住下了公館心中歎息這樣鄉村地面夜深時分還有人苦功讀書實爲可敬只不知這人是秀才是童生何不傳保正來問一問當下傳了潘保正來問道莊南頭廟門傍那一家夜裏念文章的是個甚麼人保正知道就是匡家悉把如此這般被火燒了租在這裏住這念文章的是他第二個兒子匡迥每日念到三四更鼓不是個秀才也不是個童生只是個小本生意

人知縣聽罷惨然吩咐道我這裏發一個帖子你明日拿出去致意這匡迥說我此時也不便約他來會現今考試在卽叫他報名來應考如果文章會做我提拔他保正領命下來次日清早知縣進城回衙去了保正叩送了回來飛跑走到匡家敲開了門說道恭喜匡超人問道何事保正帽子裏取出一個單帖來遞與他上寫侍生李本瑛拜匡超人看見是本縣縣主的帖子嚇了一跳忙問老爹這帖是拜那個的保正

悉把如此這般老爺在你這裏過聽見你念文章傳我去問我就說你如此窮苦如何行孝都禀明了老爺老爺發這帖子與你說不日考校叫你去應考是要抬舉你的意思我前日說你氣色好主有個貴人星照命今日何如匡超人喜從天降捧了這個帖子去向父親說了太公也歡喜到晚他哥回來看見帖子又把這話向他哥說了他哥不肯信過了幾天時縣裏果然出告示考童生匡超人買卷子去應考考過了

發出團案來取了覆試匡超人又買卷伺候知縣坐了堂頭一個點名就是他知縣叫住道你今年多少年紀了匡超人道童生今年二十二歲知縣道你文字是會做的這回覆試更要用心我少不得照顧你匡超人磕頭謝了領卷下去覆試過兩次出了長案竟取了第一名案首報到鄉里去匡超人拏手本上來謝知縣傳進宅門去見了問其家裏這些苦楚便封出二兩銀子來送他這是我分俸些須你拏去奉養父

母到家並發忿加意用功府考院考的時候你再來見我我還資助你的盤費匡超人謝了出來回家把銀子拿與父親把官說的這些話告訴了一遍太公着實感激捧着銀子在枕上望空磕頭謝了本縣老爺到此時他哥纔信了鄉下眼界淺見匡超人取了案首縣裏老爺又傳進去見過也就在庄上大家約着送過賀分到他家來太公吩咐借間壁庵裏請了一天酒這時殘冬已過開印後宗師按臨溫州匡超人叩

辭別知縣知縣又送了二兩銀子他到府府考過接着院考考了出來恰好知縣上轅門見學道在學道前下了一跪說卑職這取的案首匡迥是孤寒之士且是孝子就把他行孝的事細細說了學道道士先器識而後辭章果然內行克敦文辭都是末藝但昨看匡迥的文字理法雖略有未清才氣是極好的貴縣請回領教便了只因這一番有分教婚姻締就孝便衰于二親科第取來心只繫乎兩榜未知匡超人這一

考得進學否且聽下回分解

篤匡超人孺慕之誠出於至性及纔歷仕途便爾停妻再娶勢使然耶抑亦達官道畜生道固同此一番輪回也

儒林外史第十六回

儒林外史第十七回

匡秀才重遊舊地　趙醫生高踞詩壇

話說匡太公自從兒子上府去考尿屎仍舊在牀上他去了二十多日就如去了兩年的一般每日眼淚汪汪望着門外那日向他老奶奶說道第二个去了這些時總不回來不知他可有福氣掙着進一个學這早晚我若死了就不能看見他在跟前送終說着又哭了老奶奶勸了一回忽聽門外一片聲打的嚮一个兇神的人

趕着他大兒子打了來說在集上趕集占了他擺攤子的窩子匡大又不服氣紅着眼那人亂叫那人把匡大担子奪了下來那些零零碎碎東西撒了一地筐子都踢壞了匡大要拉他見官口裏說道縣主老爺現同我家老二相與我怕你麼我同你回老爺去太公聽得忙叫他進來吩咐道快不要如此我是个良善人家從不曾同人口舌經官動府況且占了他攤子原是你不是央人替他好好說不要吵鬧帶累我不

安他那裏肯聽氣狠狠的又出去吵鬧吵的鄰居都來圍着看也有拉的也有勸的正鬧着潘保正走來了把那人說了幾聲那人嘴纔軟了保正又道匡大哥你還不把你的東西拾在担子裏挐回家去哩匡大一頭罵着一頭拾東西只見大路上兩个人手裏拿着紅紙帖子走來問道這裏有一个姓匡的麽保正認得是學裏門斗說道好了匡二相公恭喜進了學了便道匡大哥快領二位去同你老爹說匡大東西纔

拾完在担子裏挑起担子領兩个門斗來家那人也是保正勸回去了門斗進了門見匡太公睡在床上道了恭喜把報帖升貼起來上寫道捷報貴府相公匡諱迥蒙提學御史學道大老爺取中樂清縣第一名入泮聯科及第本學公報太公歡喜叫老奶奶燒起茶來把匡大担子裏的糖和豆腐干裝了兩盤又煮了十來个雞子請門斗喫着潘保正又拿了十來个雞子來賀喜一總煮了出來留着潘老爹陪門斗吃飯

飯罷太公拏出二百文來做報錢門斗嫌少太公道我乃赤貧之人又遭了回祿小兒的事勞二位來這些須當甚麽權爲一茶之敬潘老爹又說了一番添了一百文門斗去了直到四五日後匡超人送過宗師纔回家來穿着衣巾拜見父母嫂子是因回祿後就住在娘家去了此時只拜了哥哥他哥見他中了個相公比從前更加親熱些潘保正替他約齊了分子擇個日子賀學又借在庵裏擺酒此番不同共收了二

十多吊錢宰了兩个猪和些雞鴨之類吃了兩三日酒和尚也來奉承匡超人同太公商議不磨豆腐了把這剩下來的十幾吊錢把與他哥又租了兩間屋開个小雜貨店嫂子也接了回來也不分在兩處吃了每日尋的錢家裏盤纏忙過幾日匡超人又進城去謝知縣知縣此番便和他分庭抗禮留着吃了酒飯叫他拜做老師事畢回家學裏那兩个門斗又下來到他家說話他請了潘老爹來陪門斗說學裏老爺要

傳匡相公去見還要進見之禮匡超人惱了道我只認得我的老師他這教官我去見他做甚麽有甚麽進見之禮潘老爹道二相公你不可這樣說了我們縣裏老爺雖是老師是你拜的老師這是私情這學裏老師是朝廷制下的專管秀才你就中了狀元這老師也要認的怎麽不去見你是个寒士進見禮也不好爭每位封兩錢銀子去就是了當下約定日子先打發門斗回去到那日封了進見禮去見了學師回來

太公又吩咐買个牲醴到祖上墳去拜奠那日上墳回來太公覺得身體不大爽利從此病一日重似一日吃了藥也再不得見效飯食也漸漸少的不能吃了匡超人到處求神問卜凶多吉少同哥商議把自己向日那幾兩本錢替太公備後事店裏照舊不動當下買了一具棺木做了許多布衣合着太公的頭做了一頂方巾預備停當太公淹淹在床一日昏聵的狠一日又覺得明白些那日太公自知不濟叫兩个兒

子都到跟前吩咐道我這病犯得拙了眼見得望天的日子遠入地的日子近我一生是个無用的人一塊土也不曾丟給你們兩間房子都没有了第二的僥倖進了一个學將來讀讀書會上進一層也不可知但功名到底是身外之物德行是要緊的我看你在孝弟上用心極是難得却又不可因後來日子畧過的順利些就添出一肚子裏的勢利見識來改變了小時的心事我死之後你一滿了服就急急的要尋一

頭親事總要窮人家的兒女萬不可貪圖富貴攀高結貴你哥是个混賬人你要到底敬重他和奉事我的一樣纔是兄弟兩个哭着聽了太公瞑目而逝合家大哭起來匡超人呼天搶地一面安排裝殮因房屋褊窄停放過了頭七將靈柩送在祖塋安葬滿庄的人都來弔孝送喪兩弟兄謝過了客匡大照常開店匡超人逢七便去墳上哭奠那一日正從墳上奠了回來天色已黑剛纔到家潘保正走來向他說道二相

公你可知道縣裏老爺壞了今日委了溫州府二太爺來摘了印去了他是你老師你也該進城去看看匡超人次日換了素服進城去看纔走進城那曉得百姓要留這官鳴鑼罷市圍住了摘印的官要奪回印信把城門大白日關了鬧成一片匡超人不得進去只得回來再聽消息第三日聽得省裏委下安民的官來了要拏為首的人又過了三四日匡超人從墳上回來潘保正迎着道不好了禍事到了匡超人道甚

麽禍事潘保正道到家去和你說當下到了匡家坐下道昨日安民的官下來百姓散了上司叫這官密訪為頭的人已經拿了幾个衙門裏有兩个沒良心的差人就把你也密報了說老爺待你甚好你一定在內為頭要保留是那里冤枉的事如今上面還要密訪但這事那里定得他若訪出是實恐怕就有人下來拿依我的意思你不如在外府去躲避些時沒有官事就罷若有我替你維持匡超人驚得手慌腳忙說

道這是那里晦氣多承老爹相愛説信與我只是我而今那里去好潘保正道你自心裏想那處熟就往那處去匡超人道我只有杭州熟却不曾有甚相與的潘保正道你要往杭州我寫一个字與你帶去我有个房分兄弟行三人都叫他潘三爺現在布政司裏充吏家裏就在司門前山上住你去尋着了他凡事叫他照應他是个極慷慨的人不得錯的匡超人道既是如此費老爹的心寫下書子我今晚就走纔好當

下潘老爹一頭寫書他一面囑咐哥嫂家裏事務灑淚拜別母親拴束行李藏了書子出門潘老爹送上大路回去匡超人背着行李走了幾天旱路到溫州搭船那日沒有便船只得到飯店權宿走進飯店見裏面點着燈先有一个客人坐在一張桌子上面前擺了一本書在那裏靜靜的看匡超人看那人時黃瘦面皮稀稀的幾根鬍子那人看書出神又是个近視眼不曾見有人進來匡超人走到跟前請教了一聲老

客拱一拱手那人纔立起身來爲禮青絹直身瓦楞帽子像个生意人模樣兩人叙禮坐下匡超人問道客人貴鄉尊姓那人道在下姓景寓舍就在這五十里外因有个小店在省城如今往店裏去因無便船權在此住一夜看見匡超人戴着方巾知道他是秀才便道先生貴處那里尊姓台甫匡超人道小弟賤姓匡字超人敝處樂清也是要往省城沒有便船那景客人道如此甚好我們明日一同上船各自睡下次日

早去上船兩人同包了一个頭艙上船放下行李那景客人就拏出一本書來看匡超人初時不好問他偷眼望那書上圈的花花碌碌是些甚麼詩詞之類到上午同吃了飯又拏出書來看看一會又閑坐着吃茶匡超人問道昨晚請教老客說有店在省城却開的是甚麼寶店景客人道是頭巾店匡超人道老客既開寶店却看這書做甚麼景客人笑道你道這書單是戴頭巾做秀才的會看麼我杭城多少名士都是

不講八股的不職匡先生你說小弟𩇕號𠰕做
景蘭江各處詩選上都刻過我的詩今已二十
餘年這些發過的老先生但到杭城就要同我
們唱和因在艙內開了一个箱子取出幾十个
斗方子來遞與匡超人道這就是拙刻正要請
教匡超人自覺失言心裏慚愧接過詩來雖然
不懂假做看完了瞎贊一回景蘭江又問恭喜
入泮是那一位學臺匡超人道就是現在新任
宗師景蘭江道新學臺是湖州魯老先生同年

曾老先生就是小弟的詩友小弟當時聯句的詩會楊執中先生權勿用先生嘉興蘧太守公孫駪夫還有婁中堂兩位公子三先生四先生都是弟們文字至交可惜有位牛布衣先生只是神交不曾會面匡超人見他說這些人便問道杭城文瀚樓選書的馬二先生諱叫做靜的先生想也相與景蘭江道那是做時文的朋友雖也認得不算相與不瞞先生說我們杭城名壇中倒也沒有他們這一派却是有幾个同調

的人將來到省可以同先生相會匡超人聽罷不勝駭然同他一路來到斷河頭船近了岸正要搬行李景蘭江站在船頭上只見一乘轎子歇在岸邊轎裏走出一个人來頭戴方巾身穿寶藍直裰手裏摇着一把白紙詩扇扇柄上拴着一个方象牙圖書後面跟着一个人背了一个藥箱那先生下了轎正要進那人家去景蘭江喊道趙雪兄久違了那里去那趙先生回過頭來叫一聲哎呀原來是老弟幾時來的景蘭

江道纔到這里行李還不曾上岸因回頭望着船裏道匡先生請出來這是我最相好的趙雪齋先生請過來會會匡超人出來同他上了岸景蘭江吩咐船家把行李且搬到茶室裏來當下三人同作了揖同進茶室趙先生問道此位長兄尊姓景蘭江道這位是樂清匡先生同我一船來的彼此謙遜了一回坐下泡了三碗茶來趙先生道老弟你爲甚麽就去了這些時叫我終日盼望景蘭江道正是爲些俗事纏着這

些時可有詩會麽趙先生道怎麽沒有前月中翰顧老先生來天竺進香邀我們同到天竺做了一天的詩通政范大人告假省墓船只在這里住了一日還約我們到船上拈題分韻着實擾了他一天御史荀老先生來打撫臺的秋風丟着秋風不打日日邀我們到下處做詩這些人都問你現今胡三公子替湖州魯老先生徵輓詩送了十幾个斗方在我那里我打發不清你來得正好分兩張去做說着吃了茶同這位

匡先生想也在庠是那位學臺手里恭喜的景蘭江道就是現任學臺趙先生微笑道是大小兒同案吃完了茶趙先生先別看病去了景蘭江問道匡先生你而今行李發到那里去匡超人道如今且攏文瀚樓景蘭江道也罷你攏那里去我且到店里我的店在豆腐橋大街上金剛寺前先生閒着到我店裏來談說罷叫人挑了行李去了匡超人背着行李走到文瀚樓問馬二先生已是回處州去了文瀚樓主人認的

他留在樓上住次日拏了書子到司前去找潘三爺進了門家人回道三爺不在家前幾日奉差到台州學道衙門辦公事去了匡超人道幾時回家家人道纔去怕不也還要三四十天功夫匡超人只得回來尋到豆腐橋大街景家方巾店裏景蘭江不在店內問左右店鄰店鄰說道景大先生麽這樣好天氣他先生正好到六橋探春光尋花問柳做西湖上的詩絕好的詩題他怎肯在店裏坐着匡超人見問不着只得

轉身又走走過兩條街遠遠望見景先生同着兩个戴方巾的走匡超人相見作揖景蘭江指着那一个麻子道這位是支劍峰先生指着那一个鬍子道這位是浦墨卿先生都是我們詩會中領袖那二人問此位先生景蘭江道這是樂清匡超人先生匡超人道小弟方纔在寶店奉拜先生恰值公出此時裏往那去景先生道無事閒遊又道良朋相遇豈可分途何不到旗亭小飲三杯那兩位道最好當下拉了匡超人

同進一个酒店揀一副坐頭坐下酒保來問要甚麼菜景蘭江叫了一賣一錢二分銀子的雜膾兩碟小吃那小吃一樣是炒肉皮一樣就是黃豆芽拏上酒來支劍峰問道今日何以不去訪雪兄浦墨卿道他家今日讌一位出奇的客支劍峰道客罷了有甚麼出奇浦墨卿道出奇的緊哩你滿飲一杯我把這段公案告訴你當下支劍峰斟上酒二位也陪着吃了浦墨卿道這位客姓黃是戊辰的進士而今選了我這寧

波府鄞縣知縣他先年在京裏同楊執中先生相與楊執中却和趙爺相好因他來浙就寫一封書子來會趙爺趙爺那日不在家不曾會景蘭江道趙爺官府來拜的也多會不着他也是常事浦墨卿道那日眞正不在家𠀤目趙爺去回拜會着彼此叙說起來你道奇也不奇衆人道有甚麽奇處浦墨卿道那黄公竟與趙爺生的同年同月同日同時衆人一齊道這果然奇了浦墨卿道還有奇處趙爺今年五十九歲兩

个兒子四个孫子老兩个夫妻齊眉只却是个布衣黃公中了一个進士做任知縣却是三十歲上就斷了絃夫人沒了而今兒花女花也無支劍峰道這果然奇同一个年月日時一个是這般境界一个是那般境界判然不合可見五星子平都是不相干的說着又吃了許多的酒浦墨卿道三位先生小弟有个疑難在此諸公大家參一參比如黃公同趙爺一般的年月日時生的一个中了進士却是孤身一人一个却

是子孫滿堂不中進士這兩个人還是那一个好我們還是願做那一个三位不曾言語浦墨卿道這話讓匡先生先說匡先生你且說一說匡超人道二者不可得兼依小弟愚見還是做趙先生的好衆人一齊拍手道有理有理浦墨卿道讀書畢竟中進士是个了局趙爺各樣好了倒底差一个進士不但我們說就是他自己心裏也不快活的是差着一个進士而今又想中進士又想像趙爺的全福天也不肯雖然世

間也有這樣人但我們如今既設疑難若只管說要合做兩个人就沒的難了如今依我的主意只中進士不要全福只做黃公不做趙爺可是麽支劍峰道不是這樣說趙爺雖差着一个進士而今他大公郎已經高進了將來名登兩榜少不得封誥乃尊難道兒子的進士當不得自己的進士不成浦墨卿笑道這又不然先年有一位老先生兒子已做了大位他還要科舉後來點名監臨不肯收他他把卷子摜在地下

恨道爲這个小畜生累我戴个假紗帽這樣看來兒子的倒底當不得自己的景蘭江道你們都說的是隔壁賬都斟起酒來滿滿的吃三杯聽我說支劍峰道說的不是怎樣景蘭江道說的不是倒罰三杯衆人道這沒的說當下斟上酒吃着景蘭江道衆位先生所講中進士是爲名是爲利衆人道是爲名景蘭江道可知道趙爺雖不曾中進士外邊詩選上刻着他的詩幾十處行徧天下那个不曉得有个趙雪齋先生

只怕比進士享名多着哩說罷哈哈大笑衆人都一齊道這果然說的快暢一齊乾了酒匡超人聽得纔知道天下還有這一種道理景蘭江道今日我等雅集即拈樓字爲韵回去都做了詩寫在一个紙上送在匡先生下處請教當下同出店來分路而别只因這一番有分教交遊添氣色又結婚姻文字發光芒更將進取不知後事如何且聽下回分解

是書之用筆千變萬化未可就一端以言其

妙如寫女子小人與儓皁隸莫不盡態極妍至于斗方名士七律詩翁尤爲題中之正面豈可不細細爲之寫照上支如楊執中權勿用等人繪聲繪影能令閱者拍案叫絕以爲鑄鼎象物至此真無以加矣而孰知寫到趙景諸人又另換一副筆墨絲毫不與楊權諸人同建章宫中千門萬户文筆奇詭何以異玆

司馬君實云好好一个老實蒼頭被東坡教

壞了匡超人之爲人學問既不深性氣又未定假使平生所遇皆馬二先生輩或者不至斗然變爲勢利心之人無如一出門即遇見景趙諸公雖欲不趨于勢利學可得乎蓬生麻中不扶自直苟爲素絲未有不遭染者也余見人家少年子弟略有幾分聰明隨口謅幾句七言律詩便要納交幾个斗方名上以爲藉此通聲氣吾知其畢生斷無成就時也何也斗方名士自已不能富貴而慕人之富

貴自已絕無功名而羨人之功名大則爲雞鳴狗吠之徒小則受殘杯冷炙之苦人間有个活地獄正此輩當之而尤欣欣然自命爲名士豈不悲哉

儒林外史第十八回

約詩會名士攜匡二　訪朋友書店會潘三

話說匡超人那晚吃了酒回來寓處睡下次日清晨文瀚樓店主人走上樓來坐下道先生而今有一件事相商匡超人問是何事主人道目今我和一个朋友合本要刻一部考卷賣要費先生的心替我批一批又要批的好又要批的快合共三百多篇文章不知要多少日子就可以批得出來我如今扣着日子好發與山東河

南客人帶去賣若出的遲山東河南客人起了身就懊了一覺睡這書刻出來封面上就刻先生的名號還多寡有幾兩選金和幾十本樣書送與先生不知先生可趕的來匡超人道大約是幾多日子批出來方不悞事主人道須是半个月內有的出來覺得日子寬些不然就是二十天也罷了匡超人心裏算計半个月料想還做的來當面應承了主人隨即搬了許多的考卷文章上樓來午間又備了四樣菜請先生坐

坐說發樣的時候再請一回出書的時候又請
一回平常每日就是小菜飯初二十六跟着店
裏吃牙祭肉茶水燈油都是店裏供給匡超人
大喜當晚點起燈來替他不住手的批就批出
五十篇聽聽那樵樓上纔交四鼓匡超人喜道
像這樣那里要半个月吹燈睡下次早起來又
批了一日搭半夜總批得七八十篇到第四日正
在樓上批文章忽聽得樓下叫一聲道匡先生
在家麼匡超人道是那一位忙走下樓來見是

景蘭江手裏拿着一个斗方捲着見了作揖道候遲有罪匡超人把他讓上樓去他把斗方放開在桌上說道這就是前日讌集限樓字韻的同人已經寫起斗方來趙雪兄看見因未得與不勝悵悵因照韻也做了一首我們要讓他寫在前面只得又各人寫了一回所以今日纔得送來請教匡超人見題上寫着暮春旗亭小集同限樓字每人一首詩後面掛着四个名字是趙潔雪齋手稿景本蕙蘭江手稿支鍔劍峰手

稿滿玉方墨卿手稿看見紙張白亮圖書鮮紅眞覺可愛就拏來帖在樓上壁間然後坐下匡超人道那日多擾大醉回來晚了景蘭江道這幾日不曾出門匡超人道因主人家託着選幾篇文章要替他趕出來發刻所以有失問候景蘭江道這選文章的事也好今日我同你去會一个人匡超人道是那一位景蘭江道你不要管快換了衣服我同你去便知當下換了衣服鎖了樓門同下來走到街上匡超人道如今往

那里去景蘭江道是我們這里做過冢宰的胡老先生的公子胡三先生他今朝小生日同人都在那里聚會我也要去祝壽故來拉了你去到那里可以會得好些人方纔斗方上幾位都在那里匡超人道我還不曾拜過胡三先生可要帶个帖子去景蘭江道這是要的一同走到香蠟店買了个帖子在櫃臺上借筆寫眷晚生匡迥拜寫完籠着又走景蘭江走着告訴匡超人道這位胡三先生雖然好客却是个膽小不

過的人先年冢宰公去世之後他關着門總不
敢見一个人動不動就被人騙一頭說也沒處
說落後這幾年全虧結交了我們相與起來替
他撐門户纔熱鬧起來沒有人敢欺他匡超人
道他一个冢宰公子怎的有人敢欺景蘭江道
冢宰麼是過去的事了他眼下又沒人在朝自
己不過是个諸生俗語說得好死知府不如一
个活老鼠那个理他而今人情是勢利的倒是
我這雪齋先生詩名大府司院道現任的官員

那一个不來拜他人只看見他大門口今日是一把黃傘的轎子來明日又是七八个紅黑帽子吆喝子來那藍傘的官不算就不由的不怕所以近來人看見他的轎子不過三日兩日就到胡三公子家去就疑猜三公子也有些勢力就是三公子那門首住房子的房錢也給得爽利些胡三公子也還知感正說得熱鬧街上又遇着兩个方巾濶服的八景蘭江迎着道二位也是到胡三先生家拜壽去的却還要約那位

向那頭走那兩人道就是來約長兄既遇着一同行罷因問此位是誰景蘭江指着那兩人向匡超人道這位是金東崖先生這位是嚴致中先生指着匡超人向二位道這是匡超人先生四人齊作了一个揖一齊同走走到一个極大的門樓知道是冢宰第了把帖子交與看門的看門的說請在廳上坐匡超人舉眼看見中間御書匾額中朝柱石四个字兩邊楠木椅子四人坐下少頃胡三公子出來頭戴方巾身穿醬

色緞直裰粉底皁靴三綹髭鬚約有四十多歲光景三公子着實謙光當下同諸位作了揖諸位視壽三公子斷不敢當又謝了諸位奉坐金東崖首坐嚴致中二坐匡超人三坐景蘭江是本地人同三公子坐在主位金東崖向三公子謝了前日的擾三公子向嚴致中道一向駕在京師幾時到的嚴致中道前日纔到一向在都門敝親家國子司業周老先生家做居停因與通政范公日日相聚今通政公告假省墓約弟

同行順便返舍走走胡三公子道通政公寓在那里嚴貢生道通政公在船上不曾進城不過三四日即行弟因前日進城會見雪兄說道三哥今日壽日所以來奉祝叙叙闊懷三公子道匡先生幾時到省貴處那里寓在何處景蘭江代答道貴處樂清到省也不久是和小弟一船來的現今寓在文瀚樓選歷科考卷三公子道久仰久仰說着家人捧茶上來吃了三公子立起身來讓諸位到書房裏坐四位走進書房見

上面席間先坐着兩个人方巾白鬚大模大樣見四位進來慢慢立起身嚴貢生認得便上前道衛先生隨先生都在這里我們公揖當下作過了揖請諸位坐那衛先生隨先生也不謙讓仍舊上席坐了家人來稟三公子又有客到三公子出去了這里坐下景蘭江請教二位先生貴鄉嚴貢生代答道此位是建德衛體善先生乃建德鄉榜此位是石門隨岑庵先生是老明經二位先生是浙江二十年的老選家選的文

章衣被海內的景蘭江着實打躬道其仰慕之意那兩个先生也不問諸人的姓名隨岑庵却認得金東崖是那年出貢到京到監時相會的因和他攀話道東翁在京一別又是數年因甚回府來走走想是年滿授職也該榮遷了金東崖道不是近來部裏來投充的人也甚雜又因司官王惠出去做官降了寧王後來朝裏又拿問了劉太監常到部裏搜剔卷案我怕在那裏久惹是非所以就告假出了京來說着捧出麵

來吃了吃過那衛先生隨先生閒坐着談起文衛先生道近來的選事益發壞了隨先生道正是前科我兩人該選一部振作一番衛先生估着眼道前科沒有文章匡超人忍不住上前問道請教先生前科墨卷到處都有刻本的怎的沒有文章衛先生道此位長兄尊姓景蘭江道這是德清匡先生衛先生道所以說沒有文章者是沒有文章的法則匡超人道文章旣是中了就是有法則了難道中式之外又另有个

法則衞先生道長兄你原來不知文章是代聖賢立言有的一定的規矩比不得那些雜覽可以隨手亂做个所以一篇文章不但看出這本人的富貴福澤並看出國運的盛衰洪永有洪永的法則成弘有成弘的法則都是一脈流傳有个元燈比如主考中出一榜人來也有合法的也有僥倖的必定要經我們選家批了出來這篇就是傳文了若是這一科無可入選只叫做沒有文章隨先生道長兄所以我們不怕不

中只是中了出來這三篇文章要見得人不醜不然只算做僥倖一生抱愧又問衛先生道近來那馬靜選的三科程墨可曾看見衛先生道正是他把个選事壞了他在嘉興蘧坦庵太守家走動終日講的是些雜學聽見他雜覽到是好的于文章的理法他全然不知一味亂鬧好墨卷也被他批壞了所以我看見他的選本叫子弟把他的批語塗掉了讀說着胡三公子同了支劍峰浦墨卿進來擺桌子同吃了飯一直

到晚不得上席要等着趙雪齋等到一更天趙先生抬着一乘轎子又兩个轎夫跟着前後打着四枝火把飛跑了來下了轎同衆人作揖道及得罪有累諸位先生久候胡府又來了許多親戚本家將兩席改作三席大家圍着坐了席散各自歸家匡超人到寓所還批了些文章纔睡屈指六日之內把三百多篇文章都批完了就把在胡家聽的這一席話敷衍起來做了个序文在上又還偷着功夫去拜了同席吃酒的

這幾位朋友選本已成書店裏拏去看了回來說道向日馬二先生在家兄文海樓三百篇文章要批兩个月催着還要發怒不想先生批的恁快我拏給人看說又快又細這是極好的了先生住着將來各書坊裏都要來請先生生意多哩因封出二兩選金送來說道刻完的時候還送先生五十个樣書又備了酒在樓上吃吃着外邊一个小厮送將一个傳单來匡超人接着開看是一張松江箋摺做一个全帖的樣式

上寫道謹擇本月十五日西湖宴集分韻賦詩每位各出杖頭資二星今將在會諸位先生台銜開列于後衛體善先生隨岑庵先生趙雪齋先生嚴致中先生浦墨卿先生支劍峰先生匡超人先生胡密之先生景蘭江先生共九位下寫同人公具又一行寫道尊分約齊送至御書堂胡三老爺收匡超人看見各位名下都畫了知字他也畫了隨即將選金內秤了二錢銀子連傳單交與那小使拏去了到晚無事因想起

明日西湖上須要做詩我若不會不好看相便在書店裏拏了一本詩法入門點起燈來看他是絕頂的聰明看了一夜早已會了次日又看了一日一夜拿起筆來就做做了出來覺得比壁上貼的還好些當日又看要已精而益求其精到十五日早上打選衣帽正要出門早見景蘭江同支劍峰來約三人同出了清波門只見諸位都坐在一隻小船上候上船一看趙雪齋還不曾到內中卻不見嚴貢生因問胡三公子

道嚴先生怎的不見三公子道他因范通政昨日要開船他把分子送來已經回廣東去了當下一上了船在西湖裏搖着浦墨卿問三公子道嚴大先生我聽見他家爲立嗣有甚麽家難官事所以到處亂跑而今不知怎樣了三公子道我昨日問他的那事已經平復仍舊立的是他二令郎將家私三七分開他令弟的妾自分了三股家私過日子這个倒也罷了一刻到了花港衆人都倚着胡公子走上去借花園吃酒

胡三公子走去借那里竟關着門不肯胡三公子發了急那人也不理景先生拉那人到背地裏問那人道胡三爺是出名的慳吝他一年有幾席酒照顧我我奉承他况且他去年借了這裏擺了兩席酒一个錢也没有去的時候他也不叫人掃掃還說煮飯的米剩下兩升叫小厮背了回去這樣大老官鄉紳我不奉承他一席話說的没法衆人只得一齊走到于公祠一个和尚家坐着和尚烹出茶來分子都在胡三公

子身上三公子便拉了景蘭江出去買東西匡超人道我也跟去頑頑當下走到街上先到一个鴨子店三公子恐怕鴨子不肥拔下耳挖來戳戳脯子上肉厚方纔叫景蘭江講價錢買了因人多多買了幾斤肉又買了兩隻雞一尾魚和些蔬菜叫跟的小厮先拏了去還要買些肉饅頭中上當點心于是走進一个饅頭店看了三十个饅頭那饅頭三个錢一个三公子只給他兩个錢一个就同那饅頭店裏吵起來景蘭

江在傍勸鬧勸了一回不買饅頭了買了些索麵去下了吃就是景蘭江拏着又去買了些筍乾鹽蛋熟栗子瓜子之類以爲下酒之物匡超人也幫着拏些來到廟裏交與和尚收拾支劍峰道三老爺你何不叫个厨役伺候爲甚麼自已忙三公子吐舌道厨役就費了又秤了一塊銀叫小厮去買米忙到下午趙雪齋轎子纔到了下轎就叫取箱來轎夫把箱子捧到他開箱取出一个藥封來二錢四分遞與三公子收了

厨下酒菜已齊捧上來衆位吃了吃過飯拏上酒來趙雪齋道吾輩今日雅集不可無詩當下拈鬮分韻趙先生拈的是四支衛先生拈的是八齊浦先生拈的是一東胡先生拈的是二冬景先生拈的是十四寒隨先生拈的是五微匡先生拈的是十五删支先生拈的是三江分韻已定又吃了幾杯酒各散進城胡三公子叫家人取了食盒把剩下來的骨頭骨腦和些菓子裝在裏面果然又問和尚查剩下的米共幾升

也裝起來送了和尚五分銀子的香資押家人挑着也進城去匡超人與支劍峰浦墨卿景蘭江同路四人高興一路說笑勾留頑耍進城遲了已經昏黑景蘭江道天已黑了我們快些走支劍峰已是大醉口發狂言道何妨誰不知道我們西湖詩會的名士况且李太白穿着宮錦袍夜裏還走何况纔晚放心走誰敢來正在手舞足蹈高興忽然前面一對高燈又是一對提燈上面寫的字是鹽捕分府那分府坐在轎裏

一眼看見認得是支鍔叫人揉過他來問道支鍔你是本分府鹽務裏的巡商怎麽黑夜吃得大醉在街上胡鬧支劍峰醉了把脚不穩前跌後撞口裏還說李太白宫錦夜行那分府看見他戴了方巾說道衙門巡商從來沒有生監充當的你怎麽戴這个帽子左右的摑去了一條鏈子鎖起來浦墨卿走上去幫了幾句分府怒道你既是生員如何黑夜酗酒帶着送在儒學去景蘭江見不是事悄悄在黑影裏把匡超人

拉了一把往小巷內兩人溜了轉到下處打開了門上樓去睡次日出去訪訪兩人也不曾大受累依舊把分韻的詩都做了來匡超人也做了又看那衛先生隨先生的詩且夫嘗謂都寫在內其餘也就是文章批語上採下來的幾个字眼挐自己的詩比比也不見得不如他衆人把這詩寫在一个紙上共寫了七八張匡超人也貼在壁上又過了半个多月書店考卷刻成請先生那晚吃得大醉次早睡在床上只聽下

面喊道匡先生有客來拜只因會着這个人有
分教婚姻就處知爲夙世之因名譽隆時不比
時流之輩畢竟此人是誰且聽下回分解

景蘭江只知俎豆一趙雪齋蓋不啻七十子
之服孔子其識見卑鄙如此

順手帶出金東崖嚴致中兩人將上文來了
之案至此一結是何等筆力

衛體善隨岑菴老着臉皮講八服一望而知
其不通卻自以爲一佛出世眞可發一笑焉

純上生平最惡雜覽不料衛隨即以雜寬之文章交互迴環極盡羅絡鉤連之妙胡三先生素有錢癖幸而不爲憨仙撞騙却又喜結交斗方名士湖上一會醜氣逼人至今讀之尤令人嘔出酸餡也

儒林外史第十八回

儒林外史第十九回

匡超人幸得良朋　潘自業橫遭禍事

話說匡超人睡在樓上聽見有客來拜慌忙穿衣起來下樓見一个人坐在樓下頭戴吏巾身穿元緞直裰脚下蝦蟆頭厚底皁靴黄鬚子高顴骨黄黑面皮一雙直眼那人見匡超人下來便問道此位是匡二相公麼匡超人道賤姓匡請問尊客貴姓那人道在下姓潘前日看見家兄書子說你二相公來省匡超人道原來就是

潘三哥慌忙作揖行禮請到樓上坐下潘三道那日二相公賜顧我不在家前日返舍看見家兄的書信極贊二相公爲人聰明又行過多少好事着實可敬匡超人道小弟來省特地投奔三哥不想公出今日會見歡喜之極說罷自己下去拏茶又託書店買了兩盤點心拏上樓來潘三正在那裏看斗方看見點心到了說道哎呀這做甚麼接茶在手指着壁上道二相公你到省裏來和這些人相與做甚麼匡超人問是

怠的潘三道這一班人是有名的獃子這姓景的開頭巾店本來有兩千銀子的本錢一頓詩做的精光他每日在店裏手裏拏着一个刷子刷頭巾口裏還哼的是清明時節雨紛紛把那買頭巾的和店鄰看了都笑而今折了本錢只借這做詩爲由遇着人就借銀子人聽見他都怕那一个姓支的是鹽務裏一个巡商我來家在衙門裏聽見說不多幾日他吃醉了在街上吟詩被府裏二太爺一條鏈子鎖去把巡商都

革了將來只好窮的淌屎二相公你在客邊要做些有想頭的事這樣人同他混纏做甚麼當下吃了兩个點心便丟下說道這點心吃他做甚麼我和你到街上去吃飯叫匡超人鎖了門同到街上司門口一个飯店裏潘三叫切一隻整鴨膾一賣海參雜膾又是一大盤白肉都拏上來飯店裏見是潘三爺屁滾尿流鴨和肉都撿上好的極肥的切來海參雜膾加味用作料兩人先斟兩壺酒酒罷用飯剩下的就給了店

裏人出來也不算賬只吩咐得一聲是我的那店主人忙拱手道三爺請便小店知道走出店門潘三道二相公你而今往那去匡超人道正要到三哥府上潘三道也罷到我家去坐坐同着一直走到一个巷內一帶青牆兩扇半截板門又是兩扇重門進到廳上一夥人在那裏圍着一張桌子賭錢潘三罵道你這一班狗才無事便在我這裏胡鬧衆人道知道三老爹到家幾日了送幾个頭錢來與老爹接風潘三道我

那里要你甚麽頭錢接風又道也罷我有个朋友在此你門弄出幾个錢來熱鬧熱鬧匡超人要同他施禮他攔住道方纔見過罷了又作揖怎的你且坐着當下走了進去拿出兩千錢來向衆人說道兄弟們這个是匡二相公的兩千錢放與你們今日打的頭錢都是他的向匡超人道二相公你在這里坐着看着這一个管子這管子滿了你就倒出來收了讓他們再丟便拉一把椅子叫匡超人坐着他也在傍邊看看

了一會外邊走進一个人來請潘三爺說話潘三出去看時原來是開賭場的王老六潘三道老六久不見你尋我怎的老六道請三爺在外邊說話潘三同他走了出來一个僻靜茶室裏坐下王老六道如今有一件事可以發个小財一徑來和三爺商議潘三問是何事老六道昨日錢塘縣衙門裏快手拏着一班光棍在茅家鋪輪姦姦的是樂清縣大户人家逃出來的一个使女叫做荷花這班光棍正姦得好被快手

拾着了來報了官縣裏王太爺把光棍每人打幾十板子放了出了差將這荷花解回樂清去我這鄉下有个財主姓胡他看上了這个丫頭商量着想个方法賺的下這个了頭來情願出幾百銀子買他這事可有个主意潘三道差人是那个王老六道是黄球潘三道黄球可曾自己解去王老六道不曾去是兩个副差去的潘三道幾時去的王老六道去了一日了潘三道黄球可知道胡家這事王老六道怎麽不知道

他也想在這裏面發幾个錢的財只是没有方法潘三道這也不難你去約黄球來當面商議那人應諾去了潘三獨自坐着吃茶只見又是一个人慌慌張張的走了進來說道三老爹我那里不尋你原來獨自坐在這裏吃茶潘三道你尋我做甚麽那人道這離城四十里外有个鄉里人施美卿賣弟媳婦與黄祥甫銀子都兑了弟媳婦要守節不肯嫁施美卿同媒人商議着要搶媒人說我不認得你家弟媳婦你須是

說出个記認施美卿說每日清早上是我弟媳婦出來屋後抱柴你明日家人伏在那里遇着就搶罷了衆人依計而行到第二日搶了家去不想那一日早弟媳婦不曾出來是他乃眷抱柴衆人就搶了去隔着三四十里路已是睡了一晚施美卿來要討他的老婆這里不肯施美卿告了狀如今那邊要訴却因講親的時節不曾寫个婚書沒有憑據而今要寫一个鄉里人不在行來同老爹商議還有這衙門裏事都託

老爹料理有幾兩銀子送作使費潘三道這是甚麼要緊的事也這般大驚小怪你且坐着我等黃頭說話哩須臾王老六同黃球來到黃球見了那人道原來郝老二也在這里潘三道不相干他是說別的話因同黃球另在一張桌子上坐下王老六同郝老二又在一桌黃球道方纔這件事三老爹是怎个施爲潘三道他出多少銀子黃球道胡家說只要得這丫頭蒨花他連使費一總乾净出二百兩銀子潘三道你想

賺他多少黃球道只要三老爹把這事辦的妥當我是好處多寡分幾兩銀子罷了難道我還同你老人家爭潘三道既如此罷了我家現住着一位樂清縣的相公他和樂清縣的太爺最好我託他去人情上弄一張回批來只說荷花已經解到交與本人領去了我這里再託人向本縣弄出一个硃籤來到路上將荷花趕回把與胡家這个方法何如黃球道這好的很了只是事不宜遲老爹就要去辦潘三道今日就有

硃籤你叫他把銀子作速取來黃球應諾同王老六去了潘三叫郝老二跟我家去當下兩人來家賭錢的還不曾散潘二看着賭完了送了衆人去出留下匡超人來道二相公你住在此我和你說話當下留在後面樓上起了一个婚書稿叫匡超人寫了把與郝老二看叫他明日拏銀子來取打發郝二去了吃了晚飯點起燈來念着回批叫匡超人寫了家裏有的是豆腐乾刻的假印取來用上又取出硃筆叫匡超人

寫了一个趕回文書的硃籤辦畢拏出酒來對飲向匡超人道像這都是有些想頭的事也不枉費一番精神和那些獃瘟纏甚麽是夜留他睡下次早兩處都送了銀子來潘三收進去隨即拏二十兩銀子遞與匡超人叫他帶在寓處做盤費匡超人歡喜接了遇便人也帶些家去與哥添本錢書坊各店也有些文章請他選潘三一切事都帶着他分幾兩銀子身上漸漸光鮮果然聽了潘三的話和那邊的名士來往稀

步不覺住了將及兩年一日潘三走來道二相公好幾日不會同你往街上吃三杯匡超人鎻了樓門同走上街纔走得幾步只見潘家一個小厮尋來了說有客在家裏等三爺說話潘三道二相公你就同我家去當下同他到家請匡超人在裏間小客座裏坐下潘三同那人在外邊潘三道李四哥許久不見一向在那里李四道我一向在學道衙門前今有一件事回來商議怕三爺不在家而今會着三爺這事不愁不

耍了潘三道你又甚麼事擣鬼話同你共事你是馬蹄刀瓢裏切菜滴水也不漏總不肯放出錢來李四道這事是有錢的潘三道你且說是甚麼事李四道目今宗師按臨紹興了有个金東崖在部裏做了幾年衙門挣起幾个錢來而今想兒子進學他兒子叫做金躍却是一字不通的考期在即要尋一个替身這位學道的關防又嚴須是想出一个新法子來這事所以要和三爺商議潘三道他願出多少銀子李四道

紹興的秀才足足値一千兩一个他如今走小路一半也要他五百兩只是眼下且難得這一个替考的人又必定是怎樣裝一个何等樣的人進去那替考的筆資多少衙門裏使費共是多少剩下的你我怎樣一个分法潘三道通共五百兩銀子你還想在這裏頭分一个分子這事就不必講了你只好在他那邊得些謝禮這里你不必想李四道三爺就依你說也罷了到底是怎个做法潘三道你總不要管替考的人

也在我衙門裏打點也在我你只叫他把五百兩銀子兌出來封在當鋪裏另外拿三十兩銀子給我做盤費我總包他一个秀才若不得進學五百兩一絲也不動可妥當麼李四道這没的說了當下說定約着日子來封銀子潘三送了李四出去回來向匡超人說道二相公這个事用的着你了匡超人道我方纔聽見的用着我只好替考但是我還是坐在外面做了文章傳遞還是竟進去替他考若要進去替他考我

竟沒有這樣的胆子潘三道不妨有我哩我怎肯害你且等他封了銀子來我少不得同你往紹興去當晚別了回寓過了幾日潘三果然來搬了行李同行過了錢塘江一直來到紹興府在學道門口尋了一个僻靜巷子寓所住下次日李四帶了那童生來會一會潘三打聽得宗師挂牌考會稽了三更時分帶了匡超人悄悄同到班房門口拿出一頂高黑帽一件青布衣服一條紅搭包來叫他除了方巾脫了衣裳就

將這一套行頭穿上附耳低言如此如此不可有誤把他送在班房潘三拿着衣帽去了交過五鼓學道三炮升堂超人手執水火棍跟了一班軍牢夜役吆喝了進去排班站在二門口學道出來點名點到童生金躍匡超人遞个眼色與他那童生是照會定了的便不歸號悄悄站在黑影裏匡超人就褪下幾步到那童生跟前躲在人背後把帽子除下來與童生戴着衣服也彼此換過來那童生執了水火棍站在那里

匡超人捧卷歸號做了文章放到三四牌纔交卷出去回到下處神鬼也不知覺發案時候這金躍高高進了潘三同他回家拏二百兩銀子以爲筆資潘三道二相公你如今得了這一注橫財這就不要花費了做些正經事匡超人道甚麽正經事潘三道你現今服也滿了還不曾娶个親事我有一个朋友姓鄭在撫院大人衙門裏這鄭老爹是个忠厚不過的人父子都當衙門他有第三个女兒託我替他做个媒我一

向也想着你年貌也相當一向因你没錢我就不曾認真的替你說如今只要你情願我一說就是妥的你且落得招在他家一切行財下禮的費用我還另外幫你些匡超人道這是三哥極相愛的事我有甚麼不情願只是現有這銀子在此爲甚又要你費錢潘三道你不曉得你這丈人家淺房窄屋的招進去料想也不久要留些銀子自已尋兩間房子將來添一个人吃飯又要生男育女却比不得在客邊了我和你

尋一个人再幫你幾兩銀子分甚麼彼此你將來發達了愁爲不着我的情也怎的匡超人着實感激潘三果然去和鄭老爹說取了庚帖來只問匡超人要了十二兩銀子去換幾件首飾做四件衣服過了禮去擇定十月十五日入贅到了那日潘三備了幾碗菜請他來吃早飯吃着向他說道二相公我是媒人我今日送你過去這一席子酒就算你請媒的了匡超人聽了也笑吃過叫匡超人洗了澡裏裏外外都換了

一身新衣服頭上新方巾脚下新靴潘三又拿出一件新寶藍緞直裰與他穿上吉時已到叫兩乘轎子兩人坐了轎前一對燈籠竟來入贅鄭老爹家住在巡撫衙門傍一个小巷內一間門面到底三間那日新郎到門那里把門關了潘三拿出二百錢來做開門錢然後開了門鄭老爹迎了出來翁壻一見纔曉得就是那年回去同船之人這一番結親真是夙因當下匡超人拜了丈人又進去拜了丈母阿舅都平磕了

頭鄭家設席管待潘三吃了一會辭別去了鄭家把匡超人請進新房見新娘端端正正好个相貌滿心歡喜合巹成親不必細說次早潘三又送了一席酒來與他謝親鄭家請了潘三來陪吃了一日荏苒滿月鄭家屋小不便居住潘三替他在書店左近典了四間屋價銀四十兩又買了些桌椅傢伙之類搬了進去請請鄰居買兩石米所存的這項銀子已是一空還虧書事都是潘三幫襯辦的便宜又還虧書店尋着

選了兩部文章有幾兩選金又有樣書賣了些將就度日到得一年有餘生了一个女兒夫妻相得一日正在門首閒站忽見一个青衣大帽的人一路問來問到跟前說道這裏可是樂清匡相公家匡超人道正是台駕那里來的那人道我是給事中李老爺差往浙江有書帶與匡相公匡超人聽見這話忙請那人進到客位坐下取書出來看了纔知就是他老師因被參發審審的參欵都是虛情依舊復任未及數月行

取進京授了給事中這番寄書來約這門生進京要照看他匡超人留來人酒飯寫了稟啓說蒙老師呼喚不日整理行裝即來趨教打發去了隨即接了他哥匡大的書子說宗師按臨溫州齊集的牌已到叫他回來應考匡超人不敢怠慢向渾家說了一面接丈母來做伴他便收拾行裝去應歲考考過宗師着實稱贊取在一等第一又把他題了優行貢入太學肄業他歡喜謝了宗師宗師起馬送過依舊回省和潘三

商議要回樂清鄉里去掛匾竪旗杆到織錦店里織了三件補服自己一件母親一件製備停件製備停當正在各書店裏約了一个妻子一三兩各家又另外送了賀禮正要擇日回家那日景蘭江走來候候就邀在酒店裏吃酒吃酒中間匡超人告訴他這些話景蘭江着實羨了一回落後講到潘三身上來景蘭江道你不曉得麽匡超人道甚麽事我不曉得景蘭江道潘三昨晚拿了已是下在監裏匡超人大驚道那

有此事我昨日午間纔會着他怎麽就拿了景蘭江道千真萬確的事不然我也不知道我有一个舍親在縣裏當刑房今早是舍親小生日我在那里祝壽滿座的人都講這話我所以聽見竟是撫臺訪牌下來縣尊刻不敢緩三更天出差去拿還恐怕他走了將前後門都圍起來登時拏到縣尊也不會問甚麽只把訪的款單摜了下來把與他看他看了也没的辯只朝上磕了幾个頭就送在監裏去了纔走得幾步到

了堂口縣尊叫差人回來吩咐寄內號同大盜在一處這人此後苦了你若不信我同你到舍親家去看看欵單匡超人道這个好極費先生的心引我去看一看訪的是些甚麽事當下兩人會了賬出酒店一直走到刑房家那刑房姓蔣家裏還有些客坐着見兩人來請在書房坐下問其來意景蘭江說道敝友要借縣裏昨晚拿的潘三那人欵單看看刑房拏出欵單來這單就粘在訪牌上那訪牌上寫道訪得潘自業

即潘三本市井奸棍借藩司衙門隱佔身體把持官府包攬詞訟廣放私債毒害良民無所不爲如此惡棍豈可一刻容留于光天化日之下爲此牌仰該縣卽將本犯拿獲嚴審究報以便按律治罪毋違火速火速那款單上開着十幾款一包攬欺隱錢糧若干兩一私和人命幾案一短截本縣印文及私動硃筆一案一假雕印信若干夥一拐帶人口幾案一重利剝民威逼平人身死幾案一勾串提學衙門買囑鎗手代

考幾案不能細述匡超人不看便罷看了這欵單不覺颼的一聲魂從頂門出去了只因這一番有分教師生有情意再締絲蘿朋友各分張難言蘭臭未知後事如何且聽下回分解

此篇專為寫潘三而設夫潘三不過一市井之徒其行事本不必深責然余獨賞其爽快瀏亮敢作敢為較之子曰行中鄙瑣葸滯之輩相去不啻天壤讀竟不覺為之三歎曰嗟乎作者之命意至深遠矣夫造物之生人各

賦以耳目手足苟非頑然不靈孰肯束縛拈
槁而甘守飢寒以轉死于溝壑哉故先王之
用人也上而卿大夫下而府史胥徒雖一材
一藝皆得有以自效而不忍使之見棄于世
自科舉之法行非三場得手兩榜出身者概
謂之曰濁流異途乃其人自顧亦不敢與清
流正途者相次比而其中一二狡黠者旣挾
其聰明才智自分無可為出頭之地遂不得
不干犯當時之文網巧取人間之富厚法令

滋張而姦盜不息豈盡人之自喪其天良歟抑亦上之人有以歐之使然也嗚呼可勝嘆哉

儒林外史第十九回

儒林外史第二十回

匡超人高興長安道　牛布衣客死蕪湖關

話說匡超人看了欵单登時面如土色真是分開兩扇頂門骨無數凉冰澆下來口裏說不出自心下想道這些事也有兩件是我在裏面的倘若審了根究起來如何了得當下同景蘭江別了刑房回到街上景蘭江作別去了匡超人到家躊躇了一夜不會睡覺娘子問他怎的他不好真說只說我如今貢了要到京裏去做官

你獨自在這裏住着不便只好把你送到樂清家裏去你在我母親跟前我便往京裏去做官做的興頭再來接你上任娘子道你去做官罷了我自在這里接了我媽來做伴你叫我到鄉里去我那里住得慣這是不能的匡超人道你有所不知我在家裏日逐有幾个活錢我去之後你日食從何而來老爹那邊也是艱難日子他那有閒錢養活女兒待要把你送在娘家住那里房子窄我而今是要做官的你就是誥命

夫人住在那地方不成體面不如還是家去好現今這房子轉的出四十兩銀子我拏幾兩添着進京剩下的你帶去放在我哥店裏你每日支用我家那裏東西又賤雞魚肉鴨日日有的有甚麽不快活娘子再三再四不肯下鄉他終日來逼逼的急了哭喊吵鬧了幾次他不管娘子肯與不肯竟託書店裏人把房子轉了拏了銀子回來娘子到底不肯去他請了丈人丈母來勸丈母也不肯那丈人鄭老爹見女壻就要

做官責備女兒不知好歹着實教訓了一頓女兒拗不過方纔允了叫一隻船把些家伙什物都搬在上匡超人託阿舅送妹子到家寫字與他哥說將本錢添在店裏逐日支銷擇个日子動身娘子哭哭啼啼拜別父母上船去了匡超人也收拾行李來到京師見李給諫給諫大喜問着他又補了廩以優行貢入太學益發喜極向他說道賢契目今朝廷考取教習學生料理包管賢契可以取中你且將行李搬在我寓處

來盤桓幾日匡超人應諾搬了行李來又過了幾時給諫問匡超人可曾婚娶匡超人暗想老師是位大人在他面前說出丈人是撫院的差恐惹他看輕了笑只得答道還不曾給諫道恁大年紀尚不曾娶也是男子漢摽梅之候了但這事也在我身上次曉遣一个老成管家來到書房裏向匡超人說道家老爺拜上匡爺因昨日談及匡爺還不曾恭喜取過夫人家老爺有一外甥女是家老爺夫人自小撫養大的今年

十九歲才貌出衆現在署中家老爺意欲招匡爺爲甥壻一切恭喜費用俱是家老爺備辦不消匡爺費心所以着小的來向匡爺叩喜匡超人聽見這話嚇了一跳思量要回他說已經娶過的前日却說過不曾但要允他又恐理上有礙又轉一念道戲文上說的蔡狀元招贅牛相府傳爲佳話這有何妨即便應允了給諫大喜進去和夫人說下擇了吉日張燈結彩倒賠數百金裝奩把外甥女嫁與匡超人到那一日大

吹大擂匡超人紗帽圓領金帶皁靴先拜了給諫公夫婦一派細樂引進洞房揭去方巾見那新娘子辛小姐眞有沈魚落雁之容閉月修花之貌人物又標致嫁裝又齊整匡超人此時恍若親見瑤宮仙子月下嫦娥那魂靈都飄在九霄雲外去了自此珠圍翠繞宴爾新婚享了幾个月的天福不想教習考取要回本省地方取結匡超人没柰何含着一包眼淚只得别過了辛小姐回浙江來一進杭州城先到他原舊丈

人鄭老爹家來進了鄭家門這一驚非同小可只見鄭老爹兩眼哭得通紅對面客位上一人便是他令兄匡大裏邊丈母嚎天喊地的哭匡超人嚇癡了向丈人作了揖便問哥幾時來的老爹家爲甚事這樣哭匡大道你且搬進行李來洗臉吃茶慢慢和你說匡超人洗了臉走進去見丈母被丈母敲桌子打板櫈哭着一場數說總是你這天災人禍的把我一个嬌滴滴的女兒生生的送死了匡超人此時纔曉得鄭氏

娘子已是死了忙走出來問他哥匡大道自你去後弟婦到了家裏為人最好母親也甚歡喜那想他省裏人過不慣我們鄉下的日子況且你嫂子們在鄉下做的事弟婦是一樣也做不來又沒有个白白坐着反叫婆婆和嫂子伏侍他的道理因此心裏着急吐起血來靠大娘的身子還好倒反照顧他他更不過意一日兩兩日三鄉裏又沒个好醫生病了不到一百天就不在了我也是纔到所以鄭老爹鄭太太聽見

了哭匡超人聽見了這些話止不住落下幾點淚來便問後事是怎樣辦的匡大道弟婦一倒了頭家裏一个錢也沒有我店裏是騰不出來就算騰出些須來也不濟事無計柰何只得把頂備着娘的衣衾棺木都把與他用了匡超人道這也罷了匡大道裝殮了家裏又沒處停只得權厝在廟後等你回來下土你如今來得正好作速收拾收拾同我回去匡超人道還不是下土的事哩我想如今我還有幾兩銀子大哥

拏回去在你弟婦厝基上替他多添兩層厚磚砌的堅固些也還過得幾年方纔老爹說的他是个誥命夫人到家請會畫的替他追个像把鳳冠補服畫起來逢時遇節供在家裏叫小女兒燒香他的魂靈也歡喜就是那年我做了家去與娘的那件補服若本家親戚們家請酒叫娘也穿起來顯得與衆人不同哥將來在家也要叫人稱呼老爺凡事立起體統來不可自己倒了架子我將來有了地方少不得連哥嫂都

接到任上同享榮華的匡大被他這一番話說得眼花瞭亂渾身都酥了一總都依他說聽聞鄭家備了个酒吃過同在鄭家住下次日上街買些東西匡超人將幾十兩銀子遞與他哥又過了三四日景蘭江同着刑房的蔣書辦找了來說話見鄭家房子淺要邀到茶室裏去坐匡超人近日口氣不同雖不說意思不肯到茶室景蘭江揣知其意說道匡先生在此取結赴任恐不便到茶室裏去坐小弟而今正要替先生

接風我們而今竟到酒樓上去坐坐還冠冕些當下邀二人上了酒樓斟上酒來景蘭江問道先生你這教習的官可是就有得選的麽匡超人道怎麽不選像我們這正途出身考的是內廷教習每日教的多是勳戚人家子弟景蘭江道也和平常教書一般的麽匡超人道不然不然我們在裏面也和衙門一般公座硃墨筆硯擺的停當我早上進去陞了公座那學生們送書上來我只把那日子用硃筆一點他就下去

了學生都是蔭襲的三品以上的大人出來就是督撫提鎮都在我跟前磕頭像這國子監的祭酒是我的老師他就是現任中堂的兒子中堂是太老師前日太老師有病滿朝問安的官都不見單只請我進去坐在床沿上談了一會出來蔣刑房等他說完了慢慢提起來說潘三哥在監裏前日再三和我說聽見尊駕回來了意思要會一會敘敘苦情不知先生你意下何如匡超人道潘三哥是個豪傑他不曾遇事時

會着我們到酒店裏坐坐鴨子是一定兩隻還有許多羊肉猪肉雞魚像這店裏錢數一賣的菜他都是不吃的可惜而今受了累本該竟到監裏去看他一看只是小弟而今比不得做諸生的時候既替朝廷辦事就要照依着朝廷的賞罰若到這樣地方去看人便是賞罰不明了蔣刑房道這本城的官並不是你先生做着你只算去看看朋友有甚麽賞罰不明匡超人道二位先生這話我不該說因是知己面前不妨

潘三哥所做的這些事便是我做地方官我也是要訪拿他的如今倒反走進監去看他難道說朝廷處分的他不是這就不是做臣子的道理了況且我在這里取結院裏司裏都知道的如今設若走一走傳的上邊知道就是小弟一生官場之玷這个如何行得可好費你蔣先生的心多拜上潘三哥凡事心照若小弟僥倖這回去就得个肥美地方到任一年半載那時帶幾百銀子來幫襯他到不值甚麽兩人見他說

得如此大約沒得辯他吃完酒各自散訖蔣刑房自到監裏回覆潘三去了匡超人取定了結也便收拾行李上船那時先包了一隻淌板船的頭艙包到揚州在斷河頭上船上得船來中艙先坐着兩个人一个老年的繭紬直裰絲縧朱履一个中年的寶藍直裰粉底皁靴都戴着方巾匡超人見是衣冠人物便同他拱手坐下問起姓名那老年的道賤姓牛草字布衣匡超人聽見景蘭江說過的便道久仰又問那一位

牛布衣代答道此位馮先生尊字琢菴乃此科新貴往京師會試去的匡超人道牛先生也進京麼牛布衣道小弟不去要到江上邊蕪湖縣地方尋訪幾个朋友因與馮先生相好偶爾同船只到揚州弟就告別另上南京船走長江去了先生仙鄉貴姓今往那裏去的匡超人說了姓名馮琢菴道先生是浙江選家尊選有好幾部弟都是見過的匡超人道我的文名也够了自從那年到杭州至今五六年考卷墨卷房書

行書名家的稿子還有四書講書五經講書古文選本家裏有个賬共是九十五本弟選的文章每一回出書店定要賣掉一萬部山東山西河南陝西北直的客人都争着買只愁買不到手還有個拙稿是前年刻的而今已經翻刻過三副板不瞞二位先生說此五省讀書的人家家隆重的是小弟都在書案上香火蠟燭供着先儒匡子之神位牛布衣笑道先生你此言誤矣所謂先儒者乃已經去世之儒者今先生尚

在何得如此稱呼匡超人紅着臉道不然所謂先儒者乃先生之謂也牛布衣見他如此說也不和他辯馮琢菴又問道操選政的還有一位馬純上選手何如匡超人道這也是弟的好友這馬純兄理法有餘才氣不足所以他的選本也不甚行選本總以行為主若是不行書店就要賠本惟有小弟的選本外國都有的彼此談着過了數日不覺已到揚州馮琢菴匡超人換了淮安船到王家營起旱進京去了牛布衣獨

自搭江船過了南京來到蕪湖尋在浮橋口一个小庵內作寓這庵叫做甘露庵門面三間中間供着一尊韋馱菩薩左邊一間鎖着堆些柴草右邊一間做走路進去一个大院落大殿三間殿後兩間房一間是本庵一个老和尚自己住着一間便是牛布衣住的客房牛布衣日間出去尋訪朋友晚間點了一盞燈吟哦些甚麼詩詞之類老和尚見他孤踪時常煨了茶送在他房裏陪着說話到一二更天若遇清風明月

的時節便同他在前面天井裏談說古今的事務甚是相得不想一日牛布衣病倒了請醫生來一連吃了幾十帖藥總不見效那日牛布衣請老和尚進房來坐在床沿上說道我離家一千餘里客居在此多蒙老師父照顧不想而今得了這个拙病眼見得不濟事了家中並無兒女只有一个妻子年紀還不上四十歲前日和我同來的一个朋友又進京會試去了而今老師父就是至親骨月一般我這床頭箱內有六

兩銀子我若死去即煩老師父替我買具棺木還有幾件粗布衣服拏去變賣了請幾衆師父替我念一卷經超度我生天棺柩便尋那里一塊空地把我寄放着材頭上寫大明布衣牛先生之柩不要把我燒化了倘得遇着个故鄉親戚把我的喪帶回去我在九泉之下也是感激老師父的老和尚聽了這話那眼淚止不住紛紛的落了下來說道居士你但放心說凶得吉你若果有些山高水低這事都在我老僧身上

牛布衣又挣起來朝着床裏面席子下拏出兩本書來遞與老和尚道這兩本是我生平所做的詩雖没有甚麽好却是一生相與的人都在上面我捨不得湮没了也交與老師父又幸遇着个後來的才人替我流傳了我死也瞑目老和尚雙手接了見他一絲兩氣甚不過意連忙到自己房裏煎了些龍眼蓮子湯拏到床前扶起來與他喫已是不能喫了勉强呷了兩口湯仍舊面朝床裏睡下挨到晚上痰響了一陣喘

息一回嗚呼哀哉斷氣身亡老和尚大哭了一場此時乃嘉靖九年八月初三日天氣尚熱老和尚忙取銀子去買了一具棺木來拏衣服替他換上央了幾个庵隣七手八脚在房裏入殮百忙裏老和尚還走到自己房裏披了袈裟拏了手擊子到他柩前來念往生咒裝殮停當老和尚想那裏去尋空地不如就把這間堆柴的屋騰出來與他停柩和鄰居說了脫去袈裟同鄰居把柴搬到大天井裏堆着將這屋安放了

靈柩取一張桌子供奉香爐燭台魂旛俱各停當老和尚伏着靈桌又哭了一場將衆人安在大天井裏坐着烹起幾壺茶來喫着老和尚煮了一頓粥打了一二十斤酒買些麵斤豆腐乾青菜之類到庵央及一个隣居燒鍋老和尚自已安排停當先捧到牛布衣柩前奠了酒拜了幾拜便拏到後邊與衆人打散老和尚道牛先生是个異鄉人今日回首在這里一些甚麽也沒有貧僧一个人支持不來阿彌陀佛却是起

動衆位施主來忙了慿一天出家人又不能備个甚麽肴饌只得一杯水酒和些素菜與列位坐坐列位只當是做好事罷了休嫌怠慢衆人道我們都是烟火隣居遇着這樣大事理該效勞却又還破費老師父不當人子我們衆人心裏都不安老師父怎的反說這話當下衆人把那酒菜和粥都吃完了各自散訖過了幾日老和尚果然請了吉祥寺八衆僧人來替牛布衣拜了一天的梁皇懺自此之後老和尚每日早

晚課誦開門關門一定到牛布衣柩前添些香酒幾點眼泪那日定更時分老和尚晚課已畢正要關門只見一个十七八歲的小厮右手拿着一本經摺左手拏着一本書進門來坐在韋馱脚下映着琉璃燈便念老和尚不好問他由他念到二更多天去了老和尚關門睡下次日這時候他又來念一連念了四五日老和尚忍不住了見他進了門上前問道小檀越你是誰家子弟因甚每晚到貧僧這庵裏來讀書這是

甚麼緣故那小廝作了一个揖叫聲老師父又
手不離方寸說出姓名來只因這一番有分教
立心做名士有志者事竟成無意整家園創業
者成難守畢竟這小廝姓甚名誰且聽下回分
解

此寫匡超人甫得優貢即改變初志器小易
盈種種惡賴與太公臨死遺言一一返對
潘三之該殺該割朝廷得而殺割之士師得
而殺割之匡超人不得而殺割之也匪惟不

得而殺剮之斯時爲超人者必將爲之送茶飯焉求救援焉納贖鍰焉以報平生厚我之意然後可耳乃居然借口昧心以爲代朝廷行賞罰且甚而曰使我當此亦須訪拿此眞狼子野心蛇蠍蝥毒未有過于此人者昔蔡伯喈伏董卓之尸而哭之而君子不以爲非者以朋友自有朋友之情也使天下之人盡如匡超人之爲人而朋友之道苦矣

儒林外史第二十回

儒林外史第二十一回

冒姓氏小子求名　念親戚老夫卧病

話說牛浦郎在甘露庵裏讀書老和尚問他姓名他上前作了一个揖說道老師父我姓牛舍下就在這前街上住因當初在浦口外婆家長的所以小名就叫做浦郎不幸父母都去世了只有个家祖年紀七十多歲開个小香蠟店胡亂度日每日叫我拏這經摺去討些賒賬我打從學堂門口過聽見念書的聲音好聽因在店

裡偷了錢買這本書來念却是吵鬧老師父了老和尚道我方纔不是說的人家拏大錢請先生教子弟還不肯讀像你小檀越偷錢買書念這是極上進的事但這裏地下冷又琉璃燈不甚明亮我這殿上有張桌子又有个燈掛兒你何不就著那裏去念也覺得爽快些浦郎謝了老和尚跟了進來果然一張方桌上面一个油燈掛甚是幽靜浦郎在這邊廂讀書老和尚在那邊打坐每晚要到三更天一日老和尚聽見

他念書走過來問道小檀越我只道你是想應考要上進的念頭故買這本文章來念而今聽見你念的是詩這个却念他則甚浦郎道我們經紀人家那裏還想甚麼應考上進只是念兩句詩破破俗罷了老和尚見他出語不俗便問道你看這詩講的來麼浦郎道講不來的也多若有一兩句講的來不由的心裏覺得歡喜老和尚道你既然歡喜再念幾時我把兩本詩與你看包你更歡喜哩浦郎道老師夫有甚麼詩

何不與我看老和尚笑道且慢等你再想幾時着又過了些時老和尚下鄉到人家去念經有幾日不回來把房門鎖了殿上託了浦郎浦郎自心裏疑猜老師夫有甚麼詩却不肯就與我看哄我想的慌仔細算來三討不如一偷趁老和尚不在家到晚把房門撥開走了進去見桌上擺著一座香爐一个燈盞一串念珠桌上放著些廢殘的經典翻了一交那有个甚麼詩浦郎疑惑道難道老師夫哄我又尋到牀上尋著

一个枕箱一把銅鎖鎖著浦郎把鎖撚開見裏面重重包裹兩本錦面線裝的書上寫牛布衣詩稿浦郎喜道這个是了慌忙拏了出來把枕箱鎖好走出房來房門依舊關上將這兩本書拏到燈下一看不覺眉花眼笑手舞足蹈的起來是何緣故他平日讀的詩是唐詩文理深奧他不甚懂這个是時人的詩他看著就有五六分解的來故此歡喜又見那題目上都寫著呈相國某大人懷督學周大人婁公子偕遊鶯脰

湖分韻兼呈令兄通政與魯太史話別寄懷王觀察其餘某太守某司馬某明府某少尹不一而足浦郎自想這相國督學太史通政以及太守司馬明府都是而今的現任老爺們的稱呼可見只要會做兩句詩並不要進學中舉就可以同這些老爺們往來何等榮耀因想他這人姓牛我也姓牛他詩上只寫了牛布衣並不曾有个名字何不把我的名字合著他的號刻起兩方圖書來印在上面這兩本詩可不算了我

的了我從今就號做牛布衣當晚回家盤算喜了一夜次日又在店裏偷了幾十个錢走到吉祥寺門口一个刻圖書的郭鐵筆店裏櫃外和郭鐵筆拱一拱手坐下說道要費先生的心刻兩方圖書郭鐵筆遞過一張紙來道請寫尊銜浦郎把自己小名去了一个郎字寫道一方陰文圖書刻牛浦之印一方陽文刻布衣二字郭鐵筆接在手內將眼上下把浦郎一看說道先生便是牛布衣麼浦郎答道布衣是賤字郭鐵

筆慌忙爬出櫃臺來重新作揖請坐奉過茶來說道久已聞得有位牛布衣住在甘露庵容易不肯會人相交的都是貴官長者失敬失敬尊章即鐫上獻醜筆資也不敢領此處也有幾位朋友仰慕先生改日同到貴寓拜訪浦郎恐他走到庵裏看出爻象只得順口答道極承先生見愛但目今也因鄰郡一位當事約去做詩還有幾時耽閣只在明早就行先生且不必枉駕索性回來相聚罷圖書也是小弟明早來領郭

鐵筆應諾了浦郎次日討了圖書印在上面藏的好好的每晚仍在庵裏念詩他祖父牛老兒坐在店裏那日午後沒有生意間壁開米店的一位卜老爹走了過來坐著說閒話牛老爹店裏賣的有現成的百益酒盪了一壺撥出兩塊豆腐乳和些筍乾大頭菜擺在櫃臺上兩人吃著卜老爹道你老人家而今也罷了生意這幾年也還興你令孫長成人了著實伶俐去得你老人家有了接代將來就是福人了牛老道老

哥告訴你不得我老年不幸把兒子媳婦都亡化了丢下這个孽障種子還不曾娶得一个孫媳婦今年已十八歲了每日叫他出門討賒賬討到三更半夜不來家說著也不信不是一日了恐怕這厮知識開了在外沒脊骨鑽狗洞淘淥壞了身子將來我這幾根老骨頭却是叫何人送終說著不覺悽惶起來卜老道這也不甚難擺劃的事假如你焦他沒有房屋何不替他娶上一个孫媳婦一家一計過日子這也前後

免不得要做的事牛老道老哥我這小生意日
用還餬不過來那得這一項銀子做這一件事
卜老沉吟道如今到有一頭親事不知你可情
願若情願時一个錢也不消費得牛老道都是
那里有這一頭親事卜老道我先前有一个小
女嫁在運漕賈家不幸我小女病故了女壻又
出外經商遺下一个外甥女是我領來養在家
裏倒大令孫一歲今年十九歲了你若不棄嫌
就把與你做个孫媳婦你我愛親做親我不爭

你的財禮你也不爭我的裝奩只要做幾件布草衣服況且一牆之隔打開一个門就攙了過來行人錢都可以省得的牛老聽罷大喜道極承老哥相愛明日就央媒到府上來求卜老道這个又不是了又不是我的孫女兒我和你這些客套做甚麼如今主親也是我媒人也是我只費得你兩个帖子我那里把庚帖送過來你請先生擇一个好日子就把這事完成了牛老聽罷忙斟了一杯酒送過來出席作了一个揖

當下說定了卜老過去到晚牛浦回來祖父把卜老爹這些好意告訴了一番牛浦不敢違拗次早寫了兩副紅全帖一副拜卜老爲媒一副拜姓買的小親家那邊收了發過庚帖來牛老請陰陽徐先生擇定十月二十七日吉期過門牛老把囤下來的幾石粮食變賣了做了一件綠布棉袄紅布棉裙子青布上盖紫布褲子共是四件暖衣又換了四樣首飾三日前送了過去到了二十七日牛老淸晨起來把自己的被

褥搬到櫃臺上去睡他家只得一間半房子半間安著櫃臺一間做客坐客坐後半間就是新房當日牛老讓出牀來就同牛浦把新做的帳子被褥鋪疊起來又勻出一張小桌子端了進來放在後簷下有天牕的所在好趁著亮放鏡子梳頭房裏停當把後面天井內搭了個蘆蓆的廈子做厨房忙了一早晨交了錢與牛浦出去買東西只見那邊卜老爹已是料理了些鏡子燈臺茶壺和一套盆桶兩个枕頭叫他大兒

子卜誠做一担挑了來挑進門放下和牛老作了揖牛老心裏著實不安請他坐下忙走到櫃裏面一个罐內倒出兩塊橘餅和些蜜餞天茄斟了一杯茶雙手遞與卜誠說道都是有勞的緊了使我老漢坐立不安卜誠道老伯快不要如此這是我們自己的事說罷坐下喫茶只見牛浦戴了新瓦楞帽身穿青布新直裰新鞋淨襪從外面走了進來後邊跟著一个人手裏提著幾大塊肉兩个雞一大尾魚和些閩筍芹菜

之類他自已手裏捧著油鹽作料走了進來牛
老道這是你舅丈人快過來見禮牛浦丟下手
裏東西向卜誠作揖下跪起來數錢打發那挐
東西的人自捧著作料送到厨下去了隨後卜
家第二个兒子卜信端了一个箱子內裏盛的
是新娘子的針線鞋面又一个大捧盤十杯高
菓子茶送了過來以爲明早拜堂之用牛老留
著喫茶牛浦也拜見過了卜家弟兄兩个坐了
回拜辭去了牛老自到厨下收拾酒席足忙

了一天到晚上店裏拏了一對長枝的紅蠟燭
點在房裏每枝上揷了一朶通草花央請了鄰
居家兩位奶奶把新娘子攙了過來在房裏拜
了花燭牛老安排一席酒菜在新人房里與新
人和攙新人的奶奶坐自己在客坐內擺了一
張桌子點起蠟燭來杯箸安排停當請得卜家
父子三位來到牛老先斟了一杯酒奠了天地
再滿滿斟上一杯捧在手裏請卜老轉上說道
這一門親蒙老哥親家相愛我做兄弟的知感

不盡都是窮人家不能備个好席面只得這一杯水酒又還要屈了二位舅爺的坐凡事總是海涵了罷說著深深作下揖去卜老還了禮牛老又要奉卜誠卜信的席兩人再三辭了作揖坐下牛老道實是不成个酒饌至親面上休要笑話只是還有一說我家別的沒有茶葉和炭還有些須如今煨一壺好茶留親家坐著談談到五更天讓兩口兒出來磕个頭也盡我兄弟一點窮心卜老道親家外甥女年紀幼不知个

禮體他父親又不在跟前一些賠嫁的東西也沒有把我羞的要不的若說坐到天亮我自恁要和你老人家談談哩爲甚麼要去當下卜誠卜信喫了酒先回家去卜老坐到五更天兩口兒打扮出來先請牛老在上磕下頭去牛老道孫兒我不容易看養你到而今而今多虧了你這外公公替你成就了親事你已是有了房屋了我從今日起就把店裏的事即交付與你一切買句賣句賒欠存留都是你自己主張我也

老了累不起了只好坐在店裏幫你照顧你只當尋个老夥計罷了孫媳婦是好的只願你們夫妻百年偕老多子多孫磕了頭起請卜老爹轉上受禮兩人磕下頭去卜老道我外孫女兒有甚不到處姑爺你指點他敬重上人不要違拗夫主的言家下没有多人凡事勤慎些休惹老人家著急兩禮罷說著扶了起來牛老又留親家喫早飯卜老不肯辭別去了自此牛家嫡親三口兒度日牛浦自從娶親好些時不曾到

庵裏去那日出討賒賬順路往庵里走走纔到浮橋口看見庵門外拴著五六匹馬馬上都有行李馬牌子跟著走近前去看韋駄殿西邊檐上坐著三四个人頭戴大氊帽身穿紬絹衣服左手拏著馬鞭子右手撚著髭鬚子脚下尖頭粉底皂靴蹺得高高的坐在那裏牛浦不敢進去老和尚在裏面一眼張見慌忙招手道小檀越你怎麽這些時不來我正要等你說話哩快些進來牛浦見他叫大著胆走了進去見和尚已

經將行李收拾停當恰待起身因喫了一驚道老師夫你收拾了行李要往那里去老和尚道這外面坐的幾个人是京裏九門提督齊大人那里差來的齊大人當時在京曾拜在我名下而今他陞做大官特地打發人來請我到京裏報國寺去做方丈我本不願去因前日有个朋友死在我這裏他却有个朋友到京會試去了我今借這个便到京尋著他這个朋友把他的喪奔了回去也了我這一番心願我前日說有

兩本詩要與你看就是他的在我枕箱內我此時也不得功夫了你自開箱拏了去看還有一床褥子不好帶去還有些零碎器用都把與小檀越你替我照應著等我回來牛浦正要問話那幾个人走進來說道今日天色甚早還趕得幾十里路請老師父快上馬休誤了我們走道兒說著將行李搬出把老和尚簇擁上馬那幾个人都上了牲口牛浦送了出來只向老和尚說得一聲前途保重那一羣馬潑剌剌的如飛

一般也似去了牛浦望不見老和尚方纔回來自已查點一查點東西把老和尚鎖房門的鎖開了取了下來出門反鎖了庵門回家歇宿次日又到庵裏走走自想老和尚已去無人對証何不就認做牛布衣因取了一張白紙寫下五个大字道牛布衣寓內自此每日來走走又過了一个月他祖父牛老兒坐在店里閒著把賬盤一盤見欠賬上人欠的也有限了每日賣不上幾十文錢又都是柴米上支銷去了合共算

起本錢已是十去其七這店漸漸的撐不住了氣的眼睜睜說不出話來到晚牛浦回家問著他總歸不出一个清賬口裏只管之乎者也胡支扯葉牛老氣成一病七十歲的人元氣衰了又沒有藥物補養病不過十日壽數已盡歸天去了牛浦夫妻兩口放聲大哭起來卜老聽了慌忙走過來見屍首停在門上叫著老哥眼淚如雨的哭了一場哭罷見牛浦在旁哭的言不得語不得說道這時節不是你哭的事吩咐外

甥女兒看看好了老爹你同我出去料理棺衾牛浦揩淚謝了卜老當下同到卜老相熟的店裏賒了一具棺材又拏了許多的布叫裁縫趕著做起衣裳來當晚入殮次早雇了八个脚子抬往祖墳安葬卜老又還替他請了陰陽徐先生自己騎驢子同陰陽下去點了穴看著親家入土又哭了一場同陰陽生回來留著牛浦在墳上過了三日卜老一到家就有各項的人來要錢卜老都許著直到牛浦回家歸一歸店裏本

錢只抵得棺材店五兩銀子其餘布店裁縫脚子的錢都沒處出無計奈何只得把自已住的一間半房子典與浮橋上抽閘板的閘牌子得典價十五兩除還清了賬還剩四兩多銀子卜老叫他留著些到閏年清明替老爹成墳牛浦兩口子沒處住卜老把自已家裏出了一間房子叫他兩口兒搬來住下把那房子交與閘牌子去了那日搬來卜老還辦了幾碗菜替他暖房卜老也到他房裏坐了一會只是想著死的親

家就要哽哽咽咽的哭不覺已是除夕卜老一家過年兒子媳婦房中都有酒席炭火卜老先送了幾斤炭叫牛浦在房裏生起火來又送了一桌酒菜叫他除夕在房裏立起牌位來祭奠老爹新年初一日叫他到墳上燒紙錢去又說道你到墳上去向老爹說我年紀老了這天氣冷我不能親自來替親家拜年說著又哭了牛浦應諾了去卜老直到初三纔出來賀節在人家吃了幾杯酒和些菜打從浮橋口過見那鬧

牌子家換了新春聯貼的花花碌碌的不由的一陣心酸流出許多眼淚來要家去忽然遇著姪女壻一把拉了家去姪女兒打扮著出來拜年拜過了留在房裏喫酒捧上糯米做的年團子來喫了兩个已經不喫了姪女兒苦勸著又喫了兩个回來一路逆著風就覺得有些不好到晚頭疼發熱就睡倒了請了醫生來看有說是著了氣氣裏了痰的也有說該發散的也有說該用溫中的也有說老年人該用補藥的紛

紛不一卜誠卜信慌了終日看著牛浦一早一晚的進房來問安那日天色晚了卜老爹睡在牀上見牕眼里鑽進兩个人來走到床前手里拏了一張紙遞與他看問别人都說不會看見有甚麽人卜老爹接紙在手看見一張花邊批文上寫著許多人的名字都用硃筆點了一單共有三十四五个人頭一名牛相他知道是他親家的名字末了一名便是他自已名字卜崇禮再要問那人時把眼一眨人和票子都不見

只因這一番有分教結交官府致令親戚難依遨遊仕途幸遇宗誼可靠不知卜老性命如何且聽下回分解

牛浦想學詩只從相與老爺上起見是世上第一等卑鄙人物眞乃自己沒有功名富貴而慕人之功名富貴者吾儒所謂巧言令色病於夏畦大雄所謂敞人矢橛不是好狗也牛卜二老者乃不識字之窮人也其爲人之懇摯交友之肫誠反出識字有錢者之上作

者於此等處所加意描寫其寄托良深矣竊財物者謂之賊竊聲名者亦謂之賊牛浦既竊老布衣之詩又竊老僧之鐃鈸等件居然一賊矣故其開口便是賊談舉步便是賊事是書中第一等下流人物作者之所痛惡者也

儒林外史第二十一回

儒林外史第二十二回

認祖孫玉圃聯宗　愛交遊雪齋留客

話說卜老爹睡在床上親自看見地府勾牌知道要去世了卽把兩个兒子媳婦叫到跟前都吩咐了几句遺言又把方纔看見勾批的話說了道快替我穿了送老的衣服我立刻就要去了兩个兒子哭哭啼啼忙取衣服來穿上穿著衣服他口裏自言自語道且喜我和我親家是一票他是頭一个我是末一个他已是去得遠

了我要趕上他去說著把身子一掙一頭倒在枕頭上兩个兒子都扯不住忙看時已没了氣了後事都是現成的少不得修齋理七報喪開弔都是牛浦陪客這牛浦也就有几个念書的人和他相與乘著人亂也夾七夾八的來往初時卜家也還覺得新色後來見來的回數多了一个生意人家只見這些之乎者也的人來講款話覺得可厭非止一日那日牛浦走到庵里庵門鎖著開了門只見一張帖子掉在地下上

面許多字是從門縫裏送進來的拾起一看上面寫道小弟董英在京師會試于馮琢菴年兄處得讀大作渴欲一晤以得識荆奉訪尊寓不值不勝悵悵明早幸駕少留片刻以便趨教至禱至禱看畢知道是訪那个牛布衣的但見帖子上有渴欲識荆的話是不會會過何不就認作牛布衣和他相會又想道他說在京會試定然是一位老爺且叫他竟到卜家來會我嚇他一嚇卜家弟兄兩个有何不可主意已定卽在

庵裡取紙筆寫了一个帖子說道牛布衣近日館于舍親卜宅尊客過問可至浮橋南首大街卜家米店便是寫畢帶了出來鎖好了門貼在門上回家向卜誠卜信說道明日有一位董老爺來拜他就是要做官的人我們不好輕慢如今要借重大爺明日早晨把客座裏收拾乾淨了還要借重二爺捧出兩杯茶來這都是大家臉上有光輝的事須帮襯一帮襯卜家弟兄兩个聽見有官來拜也覺得喜出望外一齊應諾

了第二日清早卜誠起來埽了[illegible]堂裏的地把囤米的摺子搬在廳外廊簷下取六張椅子對面放著叫渾家生起炭爐子煨出一壺茶來尋了一个捧盤兩个茶杯兩張茶匙又剝了四个圓眼一杯裏放兩个伺候停當直到早飯時候一个青衣人手持紅帖一路問了來道這里可有一位牛相公董老爺來拜卜誠道在這里接了帖飛跑進來說牛浦迎了出去見轎子已落在門首董孝廉下轎進來頭戴紗帽身穿淺藍

色緞圓領腳下粉底皂靴三綹鬚白淨面皮約有三十多歲光景進來行了禮分賓主坐下董孝廉先開口道久仰大名又讀佳作想慕之極只疑先生老師宿學原來還這般青年更加可敬牛浦道晚生山鄙之人胡亂筆墨蒙老先生同馮琢翁過獎抱愧實多董孝廉道不敢卜信捧出兩杯茶從上面走下來送與董孝廉董孝廉接了茶牛浦也接了卜信直挺挺站在堂屋中間牛浦打了躬向董孝廉道小价村野之人

不知禮體老先生休要見笑董孝廉笑道先生
世外高人何必如此計論卜信聽見這話頭臊
子都飛紅了接了茶盤骨都着嘴進去牛浦又
問道老先生此番駕往何處董孝廉道弟已授
職縣令今發來應天候缺行李尚在舟中因渴
欲一晤故此兩次奉訪今既已接教過今晚即
要開船赴蘇州去矣牛浦道晚生得蒙青目一
日地主之誼也不曾盡得如何便要去董孝廉
道先生我們文章氣誼何必拘這些俗情弟此

去若早得一地方便可奉迎先生到署早晚請
教說罷起身要去牛浦攀留不住說道晚生即
刻就來船上奉送董孝廉道這到也不敢勞了
只怕弟一出去船就要開不得奉候當下打躬
作別牛浦送到門外上轎去了牛浦送了回來
卜信氣得臉通紅迎著他一頓數說道牛姑爺
我至不濟也是你的舅丈人長親你叫我捧茶
去這是沒奈何也罷了怎麼當著董老爺喿我
這是那里來的話牛浦道但凡官府來拜規矩

是該換二徧茶你只送了一遍就不見了我不說你也罷了你還來問我這些話這也可笑卜誠道姑爺不是這樣說雖則我家老二捧茶不該從上頭往下走你也不該就在董老爺跟前洒出來不惹的董老爺笑牛浦道董老爺看見了你這兩个灰撲撲的人也就够笑的了何必要等你捧茶走錯了纔笑卜信道我們生意人家也不要這老爺們來走動沒有借了多光反惹他笑了去牛浦道不是我說一个大胆的話

若不是我在你家你家就一二百年也不得有个老爺走進這屋裏來卜誠道沒的扯淡就算你相與老爺你到底不是个老爺牛浦道憑你向那个說去還是坐著同老爺打躬作揖的好還是捧茶給老爺吃走錯路惹老爺笑的好卜信道不要惡心我家也不希罕這樣老爺牛浦道不希罕麽明日向董老爺說拏帖子送到蕪湖縣先打一頓板子兩个人一齊叫道反了反了外甥女婿要送舅丈人去打板子是我家養

話你這年把的不是了就和他到縣裏去講講看是打那个的板子牛浦道那个怕你就和你去當下兩人把牛浦扯著扯到縣門口知縣纔發二梆不會坐堂三人站在影壁前恰好遇著郭鐵筆走來問其所以卜誠道郭先生自古一斗米養个恩人一石米養个仇人這是我們養他的不是了郭鐵筆也著實說牛浦的不是道尊卑長幼自然之理這話郤行不得但至親間見官也不雅相當下扯到茶館裏叫牛浦斟了

杯茶坐下卜誠道牛姑爺到也不是這樣說如今我家老爹去世家裡人口多我弟兄兩个招攬不來難得當著郭先生在此我們把這話說一說外甥女少不的是我們養著牛姑爺也該自已做出一个主意來只管不尷不尬住著也不是事牛浦道你爲這話麽這話倒容易我從今日就搬了行李出來自已過日不纏擾你們就是了當下吃完茶勸開這一場鬧三人又謝郭鐵筆郭鐵筆別過去了卜誠卜信回家牛浦

賭氣來家拏了一床被搬在庵里來住沒的吃用把老和尚的鐃鈸叮噹都當了閒著無事去望望郭鐵筆鐵筆不在店里櫃上有人家寄的一部新縉紳賣牛浦揭開一看看見淮安府安東縣新補的知縣董瑛字彥芳浙江仁和人說道是了我何不尋他去忙走到庵里捲了被褥又把和尚的一座香爐一架磬拏去當了二兩多銀子也不到卜家告說竟搭了江船恰好遇順風一日一夜就到了南京燕子磯要搭揚州

船來到一个飯店裏店主人說道今日頭船已經開了没有船只好住一夜明日午後上船牛浦放下行李走出店門見江沿上繫著一隻大船問店主人道這隻船可開的店主人笑道這隻船你怎上的起要等个大老官來包了纔走哩說罷走了進來走堂的拏了一雙筷子兩个小菜碟又是一碟臘猪頭肉一碟子蘆蒿炒豆腐干一碗湯一大碗飯一齊搬上來牛浦問道菜和飯是怎算走堂的道飯是二厘一碗葷菜

一分素的一半牛浦把這菜和飯都吃了又走出店門只見江沿上歇著一乘轎三担行李四个長隨那轎里走出一个人來頭戴方巾身穿沈香色夾紬直裰粉底皂靴手拏白紙扇花白鬍鬚約有五十多歲光景一雙刺蝟眼兩个鶴骨腿那人走出轎來吩咐船家道我是要到揚州鹽院太老爺那里去說話的你們小心伺候我到揚州另外賞你若有一些怠慢就拏帖子送在江都縣重處船家唯唯連聲搭扶手請上

了船船家都幫著搬行李亞搬得熱鬧店主人向牛浦道你快些搭去牛浦掮著行李走到船尾上船家一把把他拉了上船搖手叫他不要則聲把他安在烟篷底下坐牛浦見他們衆人把行李搬上了船長隨在艙裏拏出兩淮公務的燈籠來挂在艙口叫船家把爐銚拏出來在船頭上生起火來煨了一壺茶送進艙去天色已黑點起燈籠來四个長隨都到後船來辦盤子爐子上頓酒料理停當都捧到中艙裏點起

一隻紅蠟燭來牛浦偷眼在板縫里張那人時
對了蠟燭桌上擺著四盤菜左手拏著酒杯右
手按著一本書在那里點頭細看看了一回拏
進飯去吃了少頃吹燈睡了牛浦也悄悄睡下
是夜東北風緊三更時分瀟瀟颯颯的下起細
雨那烟蓬蘆蓆上漏下水來牛浦翻身打滚的
睡不著到五更天只聽得艙里叫道船家爲甚
麽不開船船家道這大獃的頂頭風前頭就是
黄天蕩昨晚一號几十隻船都灣在這里那一

个敢開少停天色大亮船家燒起臉水送進艙去長隨們都到後艙來洗臉候著他們洗完也遞過一盆水與牛浦洗了只見兩个長隨打傘上岸去了一个長隨取了一隻金華火腿在船邊上向著港里洗洗了一會那兩个長隨買了一尾時魚一隻燒鴨一方肉和些鮮笋芹菜一齊拏上船來船家量米煮飯几个長隨過來收拾這几樣肴饌整治停當裝做四大盤又盪了一壺酒捧進艙去與那人吃早飯吃過剩下的

四个長隨拏到船後板上齊坐著吃了一會吃
畢打抹船板乾淨纔是船家在烟蓬底下取出
一碟蘿蔔干和一碗飯與牛浦吃牛浦也吃了
那雨雖畧止了些風却不曾住到晌午時分那
人把艙後開了一扇板一眼看見牛浦問道這
是甚麼人船家陪著笑臉說道這是小的們帶
的一分酒資那人道你這位少年何不進艙來
坐坐牛浦得不得這一聲連忙從後面鑽進艙
來便向那人作揖下跪那人舉手道船艙裏窄

不必行這个禮你且坐下牛浦道不敢拜問老先生尊姓那人道我麼姓牛名瑶草字叫做玉圃我本是徽州人你姓甚麼牛浦道晚生也姓牛祖籍本來也是新安牛玉圃不等他說完便接著道你既然姓牛五百年前是一家我和你祖孫相稱罷我們徽州人稱叔祖是叔公你從今只叫我做叔公罷了牛浦聽了這話也覺愕然因見他如此體面不敢違拗因問道叔公此番到揚有甚麼公事牛玉圃道我不瞞你說我

八轎的官也不知相與過多少那倆不要我到他衙門裏去我是懶出門而今在這東家萬雪齋家也不是甚麽要緊的人他圖我相與的官府多有些聲勢每年請我在這里送我幾百兩銀留我代筆代筆也只是个名色我也不奈煩住在他家那个俗地方我自在子午宮住你如今既認了我我自有用的著你處當下向船家說把他的行李拏進艙來船錢也在我這里算船家道老爺又認著了一个本家要多賞小的

們幾个酒錢哩這日晚飯就在艙里陪著牛玉圃喫到夜風住天已晴了五更鼓已到儀徵進了黃泥灘牛玉圃起來洗了臉攜著牛浦上岸走走走上岸向牛浦道他們在船上收拾飯費事這裏有个大觀樓素菜甚好我和你去喫素飯罷回頭吩咐船上道你們自料理喫早飯我們往大觀樓喫飯就來不要人跟隨了說著到了大觀樓上得樓梯只見樓上先坐著一个戴方巾的人那人見牛玉圃嚇了一跳說道原來

是老弟牛玉圃道原來是老哥兩个平磕了頭那人問此位是誰牛玉圃道這是舍姪孫向牛浦道你快過來叩見這是我二十年拜盟的老弟兄常在大衙門里共事的王義安老先生快來叩見牛浦行過了禮分賓主坐下牛浦坐在横頭走堂的搬上飯來一碗炒麪觔一碗膾腐皮三人喫著牛玉圃道我和你還是那年在齊大老爺衙門裏相別直到而今王義安道那个齊大老爺牛玉圃道便是做九門提督的了王

義安道齊大老爺待我兩个人是沒的說的了正說得稠密忽見樓梯上又走上兩个戴方巾的秀才來前面一个穿一件繭紬直裰胷前油了一塊後面一个穿一件元色直裰兩个袖子破的晃晃蕩蕩的走了上來兩个秀才一眼看見王義安那穿繭紬的道這不是我們這里豐家巷婊子家掌櫃的烏龜王義安那穿元色的道怎麼不是他他怎麼敢戴了方巾在這里胡鬧不由分說走上去一把扯掉了他的方巾劈

臉就是一个大嘴巴打的烏龜跪在地下磕頭如搗蒜兩个秀才越發威風牛玉圃走上去扯勸被兩个秀才啐了一口説道你一个衣冠中人同這烏龜坐著一桌子喫飯你不知道罷了既知道還要來替他勸鬧連你也該死了還不快走在這里討沒臉牛玉圃見這事不好悄悄拉了牛浦走下樓來會了賬急急走回去了這里兩个秀才把烏龜打了个臭死店裏人做好做歹叫他認不是兩个秀才總不肯住要送他

到官落後打的烏龜急了在腰摸出三兩七錢碎銀子來送與兩位相公做好看錢纔罷了放他下去牛玉圃同牛浦上了船開到揚州一直攏了子午宮下處道士出來接著安放行李當晚睡下次日早晨拏出一頂舊方巾和一件藍紬直裰來遞與牛浦道今日要同往東家萬雪齋先生家你穿了這个衣帽去當下叫了兩乘轎子兩人坐了兩个長隨跟著一个抱著氈包一直來到河下見一个大高門樓有七八个朝

奉坐在板櫈上中間夾著一个奶媽坐著說閒
話轎子到了門首兩人下轎走了進去那胡奉
都是認得的說道牛老爺回來了請在書房坐
當下走進了一个虎座的門樓過了磨磚的天
井到了廳上舉頭一看中間懸著一个大匾金
字是慎思堂三字傍邊一行兩淮鹽運使司鹽
運使荀玫書兩邊金箋對聯寫讀書好耕田好
學好便好創業難守成難知難不難中間掛著
一軸倪雲林的畫書案上擺著一大塊不曾琢

過的璞十二張花梨椅子左邊放著六尺高的一座穿衣鏡從鏡子後邊走進去兩扇門開了鵝卵石砌成的地循著塘沿走一路的朱紅闌杆走了進去三間花廳隔子中間懸著斑竹簾有兩个小么見在那裡伺候見兩个走來揭開簾子讓了進去舉眼一看裏面擺的都是水磨楠木桌椅中間懸著一个白紙墨字小匾是課花摘句四个字兩人坐下喫了茶那主人萬雪齋方從裏面走了出來頭戴方巾手搖金扇身

穿澄鄉繭紬直裰腳下朱履出來同牛玉圃作揖牛玉圃叫過牛浦來見說道這是舍姪孫見過了老先生三人分賓主坐下牛浦坐在下面又捧出一道茶來喫了萬雪齋道玉翁爲甚麼在京耽閣這許多時牛玉圃道只爲我的名聲太大了一到京住在承恩寺就有許多人來求也有送斗方來的也有送扇子來的也有送册頁來的都要我寫字做詩還有那分了題限了韻來要求教的晝日晝夜打發不清纔打發淸

了國公府裡徐二公子不知怎樣就知道小弟到了一回兩回打發管家來請他那管家都是錦衣衛指揮五品的前程到我下處來了幾次我只得到他家盤桓了幾天臨行再三不肯放我說是雪翁有要緊事等著纔免強辭了來二公子也仰慕雪翁尊作詩稿是他親筆看的因在袖口裏拏出兩本詩來遞與萬雪齋萬雪齋接詩在手便問這一位令姪孫一向不曾會過多少尊庚了大號是甚麽牛浦答應不出來牛

玉圃道他今年纔二十歲年幼還不曾有號萬雪齋正要揭開詩本來看只見一个小厮飛跑進來稟道宋爺請到了萬雪齋起身道玉翁本該奉陪因第七个小妾有病請醫家宋仁老來看弟要去同他斟酌暫且告過你竟請在我這里寬坐用了飯坐到晚去說罷去了管家捧出四个小菜碟兩雙碗快來擡桌子擺飯牛玉圃向牛浦道他們擺飯還有一會功夫我和你且在那邊走走那邊還有許多齊整房子好看當

下領著牛浦走過了一个小橋循著塘沿走望見那邊高高低低許多樓閣那塘沿畧窄一路栽著十幾顆柳樹牛玉圃走著回頭過來向他說道方才主人問著你話你怎麼不答應牛浦眼瞪瞪的望著牛玉圃的臉說不覺一脚蹉了个空半截身子掉下塘去牛玉圃慌忙來扶虧有柳樹攔著拉了起來鞋襪都濕透了衣服上淋淋漓漓的半截水牛玉圃惱了沉著臉道你原來是上不得臺盤的人忙叫小厮氈包里拿

出一件衣裳來與他換了先送他回下處只因這一番有分教旁人閒話說破財主行踪小子無良弄得老生掃興不知後事如何且聽下回分解

卜氏兄弟雖做小生意之蠢人其待牛浦頗不薄何苦定要生事以侮弄之蓋牛浦初竊得一董老爺本無處可以賣弄不得不想到卜氏弟兄天下實有此等惡物一容他進門他便做出許多可惡勾當真無可奈何也

老爺二字平淡無奇之文也卜信捧茶之後三人角口乃有無數老爺字如火如花愈出愈奇正如平原君毛遂傳有無數先生字刪去一二即不成文法而大減色澤矣

牛浦乃勢利薰心卑鄙不堪之人一出門即遇見牛玉圃長隨之盛食品之豐體統之濶私心艷羨猶夫狗偷熱油又愛又怕認爲叔公固其情願覰于板縫裏偷張時早已醉心欲死矣

牟玉圖雖鄙陋不足道之徒然亦何至與烏龜拜盟此其中必有緣故夫時世遷流今非昔比既云二十年前拜盟則二十年前之王義安尚未做烏龜可知或者義安亦是一个不安分之人江湖浮蕩當時曾與玉圖訂交彼此兄弟相稱其事已久今卒然見面未及深談而握手道故亦人情也玉圖云憶曾晤在齊大老爺處而義安聘然是玉圖徒欲說大話以嚇牛浦非真記得別時情事又可知

也

牛玉圃自述兩段乃其生平得意之筆到處以之籠絡人者而不知已爲牛浦窺破他日雖無道士之閒談吾知牛浦亦必有以處玉圃何也天下惟至柔能制至剛老小二牛實有剛柔之別也

或謂王義安無故戴方巾上飯館何爲也者曰此無足怪也揚郡風俗妓院之掌櫃者非以妻妾爲生意者也總持其事而已往往

華居僕結納混跡衣冠隊中是其常事不知其底里者無從而責之也兩秀才必係與董飯的學霸王義安素所畏服故受其打而不敢辯說耳

儒林外史第二十三回

發陰私詩人被打　歎老景寡婦尋夫

話說牛玉圃看見牛浦跌在水裏不成模樣叫小厮叫轎子先送他回去牛浦到了下處惹了一肚子的氣把嘴骨都著坐在那里坐了一會尋了一雙乾鞋襪換了道士來問可曾喫飯又不好說是沒有只得說喫了足足的餓了半天牛玉圃在萬家喫酒直到更把天纔回來上樓又把牛浦數說了一頓牛浦不敢回言彼此住

下次日一天無事第三日萬家又有人來請牛玉圃吩咐牛浦看著下處自已坐轎子去了牛浦同道士喫了早飯道士道我要到舊城里木蘭院一个師兄家走走牛相公你在家里坐著罷牛浦道我在家有甚事不如也同你去頑頑當下鎖了門同道士一直進了舊城一个茶館內坐下茶館里送上一壺乾烘茶一碟透糖一碟梅豆上來喫著道士問道牛相公你這位令叔祖可是親房的一向他老人家在這里不見

你相公來牛浦道也是路上遇著敘起來聯宗的我一向在安東縣董老爺衙門里那董老爺好不好客記得我一初到他那里時候纔送了帖子進去他就連忙叫兩个差人出來請我的轎我不曾坐轎却騎的是个驢我要下驢差人不肯兩个人牽了我的驢頭一路走上去走到暖閣上走的地板格登格登的一路响董老爺已是開了宅門自己迎了出來同我手攙著手走了進去留我住了二十多天我要辭他回來

他送我十七兩四錢五分細絲銀子送我出到大堂上看著我騎上了驢口里說道你此處若是得意就罷了若不得意再來尋我這樣人真是難得我如今還要到他那里去道士道這位老爺果然就難得了牛浦道我這東家萬雪齋老爺他是甚麼前程將來幾時有官做道士鼻子里笑了一聲道萬家句只好你令叔祖敬重他罷了若說做官只怕紗帽滿天飛飛到他頭上還有人摭了他的去哩牛浦道這又奇了他

又不是倡優隸卒爲甚麽紗帽飛到他頭上還有人攙了去道士道你不知道他的出身麽我說與你你却不可說出來萬家他自小是我們這河下萬有旗程家的書童自小跟在書房伴讀他主子程明卿見他聰明到十八九歲上就叫他做小司客牛浦道怎麽樣叫做小司客道士道我們這裏鹽商人家比如托一个朋友在司上行走替他會官拜客每年幾百銀子辛俸這叫做大司客若是司上有些零碎事情打發

一个家人去打聽料理這就叫做小司客了他做小司客的時候極其停當每年聚幾兩銀子先帶小貨後來就弄窩子不想他時運好那幾年窩價陡長他就尋了四五萬銀子便贖了身出來買了這所房子自己行鹽生意又好就發起十幾萬來萬有旗程家已經折了本錢回徽州去了所以沒人說他這件事去年萬家娶媳婦他媳婦也是个翰林的女兒萬家費了幾千兩銀子娶進來那日大吹大打執事燈籠就擺

了半街好不熱鬧到第三日親家要上門做朝家里就唱戲擺酒不想他主子程明卿清早上就一乘轎子擡了來坐在他那廳房里萬家走了出來就由不的自己跪著作了幾个揖當時兌了一萬兩銀子出來纔餉的去了不會破相正說著木蘭院里走出兩个道士來把這道士約了去喫齋道士告別去了牛浦自己喫了幾杯茶走回下處來進了子午宮只見牛玉圃已經回來坐在樓底下桌上擺著幾封大銀子樓

門還鎖著牛玉圃見牛浦進來叫他快開了樓
門把銀子搬上樓去抱怨牛浦道適纔我叫看
著下處你爲甚麽街上去胡撞牛浦道適纔我
站在門口遇見徽縣的二公在門口過他見我
就下了轎子說道許久不見要拉到船上談談
故此去了一會牛玉圃見他會官就不說他不
是了因問道你這位二公姓甚麽牛浦道他姓
李是北直人便是這李二公也知道叔公牛玉
圃道他們在官場中自然是聞我的名的牛浦

道他說也認得萬雪齋先生牛玉圃道雪齋也是交滿天下的因指著這个銀子道這就是雪齋家拏來的因他第七位如夫人有病醫生說是寒症藥里要用一个雪蝦蟆在揚州出了幾百銀子也沒處買聽見說蘇州還尋的出來他拏三百兩銀子托我去買我沒的功夫已在他跟前舉薦了你你如今去走一走罷還可以賺的幾兩銀子牛浦不敢違拗當夜牛玉圃買了一隻鷄和些酒替他餞行在樓上喫著牛浦道

方纔有一句話正要向叔公說是做縣李二公說的牛玉圃道甚麼話牛浦道萬雪齋先生算同叔公是極好的了但只是筆墨相與他家銀錢大事還不肯相托李二公說他生平有一个心腹的朋友叔公如今只要說同這个人相好他就諸事放心一切都托叔公不但叔公發財連我做姪孫的將來都有日子過牛玉圃道他心腹朋友是那一个牛浦道是徽州程明卿先生牛玉圃笑道這是我二十年拜盟的朋友我

怎麼不認的我知道了喫完了酒各自睡下次日牛浦帶著銀子告辭叔公上船往蘇州去了次日萬家又來請酒牛玉圃坐轎子去到了萬家先有兩位鹽商坐在那里一个姓顧一个姓汪相見作過了揖那兩个鹽商說都是親戚不肯僭牛玉圃的坐讓牛玉圃坐在首席喫過了茶先講了些窩子長跌的話擡上席來兩位一桌奉過酒頭一碗上的冬蟲夏草萬雪齋請諸位喫著說道像這樣東西也是外方來的我們

揚州城里偏生多一个雪蝦蟆就偏生尋不出來顧鹽商道還不曾尋著麼萬雪齋道正是揚州沒有昨日纔托玉翁令姪孫到蘇州尋去了汪鹽商道這樣希奇東西蘇州也未必有只怕還要到我們徽州舊家人家尋去或者尋出來萬雪齋道這話不錯一切的東西是我們徽州出的好顧鹽商道不但東西出的好就是人物也出在我們徽州牛玉圃忽然想起問道雪翁徽州有一位程明卿先生是相好的麼萬雪齋

聽了臉就緋紅一句也答不出來牛玉圃道這是我拜盟的好弟兄前日還有書子與我說不日就要到揚州少不的要與雪翁叙一叙萬雪齋氣的兩手冰冷總是一句話也說不出來顧鹽商道玉翁自古相交滿天下知心能幾人我們今日且喫酒那些舊話不必談他罷了當晚勉强終席各自散去牛玉圃回到下處幾天不見萬家來請那日在樓上睡中覺一覺醒來長隨拏封書子上來說道這是河下萬老爺家送

來的不等回書去了牛玉圃折開來看刻下儀徵王漢策舍親令堂太親母七十大壽欲求先生做壽文一篇並求大筆書寫望即命駕往伊處至囑至囑牛玉圃看了這話便叫長隨叫了一隻草上飛往儀徵去當晚上船次早到丑壩上岸在米店內問王漢策老爺家米店人說道是做埠頭的王漢家他在法雲街朝東的一个新門樓子里面住牛玉圃走到王家一直進去見三間廠廳廳中間椅子上亮著一幅一幅的

僉字壽文左邊櫥子口一張長桌一个秀才低著頭在那里寫見牛玉圃進廳丟下筆走了過來牛玉圃見他穿著繭紬直裰胸前油了一塊就喫了一驚那秀才認得牛玉圃說道你就是大觀樓同烏龜一桌喫飯的今日又來這裡做甚麼牛玉圃上前同他吵鬧王漢策從裏面走出來向那秀才道先生請坐這个不與你相干那秀才自在那邊坐了王漢策同牛玉圃拱一拱手也不作揖彼此坐下問道尊駕就是號玉

圃的麼牛玉圃道正是王漢策道我這里就是萬府下店雪翁昨日有書子來說尊駕爲人不甚端方又好結交匪類自今以後不敢勞尊了因向帳房里秤出一兩銀子來遞與他說道我也不留了你請尊便罷牛玉圃大怒說道我那希罕這一兩銀子我自去和萬雪齋說把銀子攛在椅子上王漢策道你既不要我也不强我倒勸你不要到雪齋家去雪齋也不能會牛玉圃氣忿忿的走了出去王漢策道恕不送了把

手一拱走了進去牛玉圃只得帶著長隨在丑壩尋一个飯店住下口口聲聲只念著萬雪齋這狗頭如此可惡走堂的笑道萬雪齋老爺是極肯相與人的除非你說出他程家那話頭來纔不尷尬說罷走過去了牛玉圃聽在耳朵里忙叫長隨去問那走堂的走堂的方如此這般說出他是程明卿家管家最怕人揭挑他這个事你必定說出來他纔惱的長隨把這个話回覆了牛玉圃牛玉圃纔省悟道罷了我上了這

小畜生的當了當下住了一夜次日叫船到蘇州去尋牛浦上船之後盤纏不足長隨又辭去了兩个只剩兩个粗夯漢子跟著一直來到蘇州找在虎邱藥材行內牛浦正坐在那里見牛玉圃到迎了出來說道叔公來了牛玉圃道雪蝦蟆可會有牛浦道還不會有牛玉圃道近日鎮江有一个人家有了快把銀子拏來同著買去我的船就在閶門外當下押著他拏了銀子同上了船一路不說出走了幾天到了龍袍洲

地方是个没人烟的所在是日喫了早飯牛玉圃圓睜兩眼大怒道你可曉的我要打你哩牛浦嚇慌了道做孫子的又不曾得罪叔公爲甚麼要打我呢牛玉圃道放你的狗屁你弄的好乾坤哩當下不由分說叫兩个夯漢把牛浦衣裳剝盡了帽子鞋襪都不留拏繩子綑起來臭打了一頓擡著往岸上一摜他那一隻船就扯起篷來去了牛浦被他摜的發昏又摜倒在一个糞窖子跟前滚一滚就要滚到糞窖子里面

去只得忍氣吞聲動也不敢動過了半日只見江裡又來了一隻船那船到岸就住了一个客人走上來糞窖子里面出恭牛浦喊他救命那客人道你是何等樣人被甚人剝了衣裳綑倒在此牛浦道老爹我是蕪湖縣的一个秀才因安東縣董老爺請我去做館路上遇見強盜把我的衣裳行李都打劫去了只饒的一命在此我是落難的人求老爹救我一救那客人驚道你果然是安東縣董老爺衙門裡去的麼我就

是安東縣人我如今替你解了繩子看見他精赤條條不像模樣因說道相公且跕著我到船上取个衣帽鞋襪來與你穿著好上船去當下果然到船上取了一件布衣服一雙鞋一頂瓦楞帽與他穿戴起來說道這帽子不是你相公戴的如今且權戴著到前熱鬧所在再買方巾罷牛浦穿了衣服下跪謝那客人扶了起來同到船里滿船客人聽了這話都喫一驚問這位相公尊姓牛浦道我姓牛因拜問這位恩人尊

姓那客人道在下姓黃就是安東縣人家裡做个小生意是戲子行頭經紀前日因往南京去替他們班里人買些添的行頭從這里過不想無意中救了這一位相公你既是到董老爺衙門里去的且同我到安東在舍下住著整理些衣服再往衙門裡去牛浦深謝了從這日就喫這客人的飯此時天氣甚熱牛浦被剝了衣服在日頭下曬了半日又受了糞窖子里薰蒸的熱氣一到船上就害起痢疾來那痢疾又是禁

口痢裏急後重一天到晚都痢不清只得坐在船尾上兩手抓著船板由他痢痢到三四天就像一个活鬼身上打的又發疼大腿在船沿坐成兩條溝只聽得艙內客人悄悄商議道這个人料想是不好了如今還是趁他有口氣送上去若死了就費力了那位黃客人不肯他痢到第五天上忽然鼻子裏聞見一陣菉豆香向船家道我想口菉豆湯喫滿船人都不肯他說道我自家要喫我死了也無怨衆人沒奈何只得

攏了岸買些菉豆來煮了一碗湯與他喫過肚里响了一陣痾出一抛大屎登時就好了扒進艙來謝了衆人睡下安息養了兩天漸漸復元到了安東先住在黄客人家黄客人替他買了一頂方巾添了件把衣服一雙靴穿著去拜董知縣董知縣果然歡喜當下留了酒飯要留在衙門里面住牛浦道晚生有个親戚在貴治還是住在他那裡便意些董知縣道這也罷了先生住在令親家早晚常進來走走我好請教牛

浦辭了出來黃客人見他果然同老爺相與十分敬重牛浦三日兩日進衙門去走走借著講詩爲名順便攙兩處木鐘弄起幾个錢來黃家又把第四个女兒招他做个女婿在安東快活過日子不想董知縣就陞任去了接任的是个姓向的知縣也是浙江人交代時候向知縣問董知縣可有甚麼事托他董知縣道倒沒甚麼事只有个做詩的朋友住在貴治叫做牛布衣老寅臺清目一二足感盛情向知縣應諾了董

知縣上京去牛浦送在一百里外到第三日纔回家渾家告訴他道昨日有个人來說是你蕪湖長房舅舅路過在這里看你我留他吃了个飯去了他說下半年同來再來看你牛浦心里疑惑並没有這个舅舅不知是那一个且等他下半年來再處董知縣一路到了京師在吏部投了文次日過堂掣籤這時馮琢菴已中了進士散了部屬寓處就在吏部門口不遠董知縣先到他寓處來拜馮主事迎著坐下叙了寒溫

董知縣只說得一句貴友牛布衣在蕪湖甘露庵里不曾說這一番交情也不曾說到安東縣曾會著的一番話只見長班進來跪著禀道部里大人升堂了董知縣連忙辭別了去到部就掣了一个貴州知州的籤匆匆束裝赴任去了不曾再會馮主事馮主事過了幾時打發一个家人寄家書回去又拏出十兩銀子來問那家人道你可認得那牛布衣牛相公家家人道小的認得馮主事道這是十兩銀子你帶回去送

與牛相公的夫人牛奶奶說他的丈夫現在蕪湖甘露庵里寄个的信與他不可有誤這銀子說是我帶與牛奶奶盤纏的管家領了主命回家見了主母辦理家務事畢便走到一个僻巷內一扇籬笆門關著管家走到門口只見一个小兒開門出來手里拏了一个筲箕出去買米管家向他說是京裏馮老爺差來的小兒領他進去站在客坐內小兒就走進去了又走了出來問道你有甚說話管家問那小兒道牛奶奶

是你甚麼人那小兒道是大姑娘管家把這十兩銀子遞在他手裏說道這銀子是我家老爺帶與牛奶奶盤纏的說你家牛相公現在蕪湖甘露庵內寄个的信與你免得懸望小兒請他坐著把銀子接了進去管家看見中間懸著一軸稀破的古畫兩邊貼了許多的斗方六張破丟不落的竹椅天井裡一个土臺子臺子上一架藤花藤花旁邊就是籬笆門坐了一會只見那小兒捧出一杯茶來手里又拏了一个包子

包了二錢銀子遞與他道我家大姑說有勞你這个送給你買茶喫到家拜上太太到京拜上老爺多謝說的話我知道了管家承謝過去了牛奶奶接著這个銀子心里悽惶起來說他恁大年紀只管在外頭又沒个兒女怎生是好我不如趂著這幾兩銀子走到蕪湖去尋他回來也是一場事主意已定把這兩間破房子鎖了交與隣居看守自己帶了姪子搭船一路來到蕪湖找到浮橋口甘露庵兩扇門掩著推開進

去韋馱菩薩面前香爐燭臺都沒有了又走進
去大殿上槅子倒的七横八竪天井里一个老
道人坐著縫衣裳問著他只打手勢原來又啞
又聾問他這里面可有一个牛布衣他拏手指
著前頭一間屋里牛奶奶帶著侄子復身走出
來見韋馱菩薩旁邊一間屋又沒有門走了進
去屋里停著一具大棺材面前放著一張三隻
腿的桌子歪在半邊棺材上頭的魂旛也不見
了只剩了一根棍棺材貼頭上有字又被那屋

上沒有瓦雨零下來把字跡都剝落了只有大明兩字第三字只得一橫牛奶奶走到這里不覺心驚肉顫那寒毛根根都豎起來又走進去問那道人道牛布衣莫不是死了道人把手搖兩搖指着門外他姪子道他說姑爺不曾死又到別處去了牛奶奶又走到庵外沿街細問人都說不聽見他死一直問到吉祥寺郭鐵筆店里郭鐵筆道他麼而今到安東董老爺任上去了牛奶奶此番得着實信立意往安東去尋只

因這一番有分教錯中有錯無端更起波瀾人外求人有意做成交結不知牛奶奶曾到安東去否且聽下回分解

牛浦未嘗不同安東董老爺相與後來至安東時董公未嘗不迎之致敬以有禮然在子午宮會道士時則未嘗一至安東與董公相晉接也刮刮而談謅出許多話說書中之道士不知是謊書外之閱者深知其謊行文之妙真李龍眠白描手也

想萬雪齋亦無甚布施道士處而牛玉圃時時呵奉道士又厭聽久矣茶社中一席之談固是多嘴亦是不平之鳴

牛浦之才十倍玉圃如說會見本縣二公可謂斟酌盡善之至若說會見縣尊則玉圃必不見信知牛浦斷乎無此臉面也惟有二公在不即不離之間真舌上生蓮之筆

打牛浦時只說得一句你弄的好乾坤更不必多話此又是玉圃極在行處假使細細數

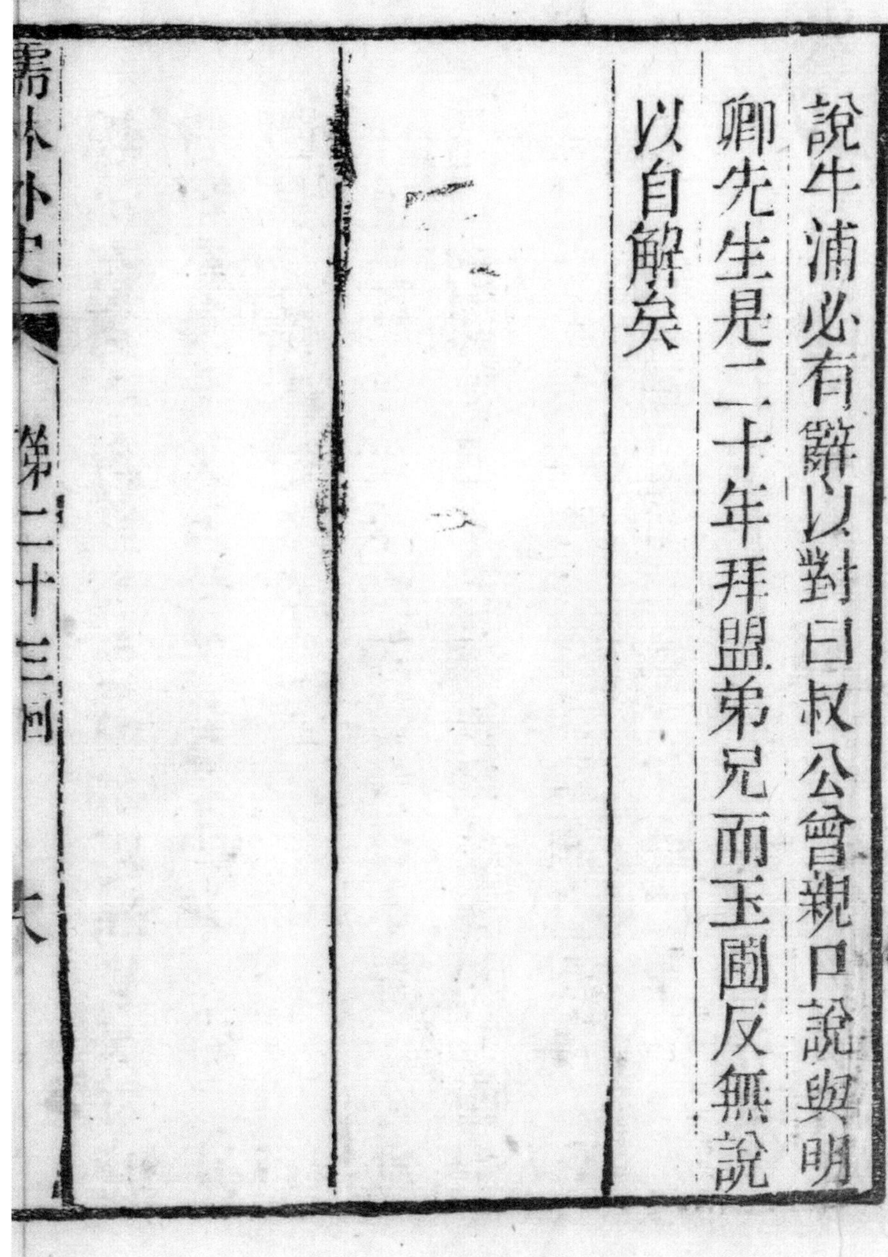
說牛浦必有辭以對曰叔公曾親口說與明
卿先生是二十年拜盟弟兄而玉圃反無說
以自解矣

儒林外史第二十三回

儒林外史第二十四回

牛浦郎姻親多訟事　鮑文卿整理舊生涯

話說牛浦招贅在安東黃姓人家黃家把門面一帶三四間屋都與他住他就把門口貼了一个帖上寫道牛布衣代做詩文那日早上正在家裏閒坐只聽得有人敲門開門讓了進來原來是蕪湖縣的一个舊鄰居這人叫做石老鼠是个有名的無賴而今却也老了牛浦見是他來嚇了一跳只得同他作揖坐下自已走進去

取茶渾家在屏風後張見迎著他告訴道這就是去年來的你長房舅舅今日又來了牛浦道他那里是我甚麼舅舅接了茶出來遞與石老鼠喫石老鼠道相公我聽見你恭喜又招了親在這里甚是得意牛浦道好幾年不會會見老爹而今在那里發財石老鼠道我也只在淮北山東各處走走而今打從你這里過路上盤纏用完了特來拜望你借幾兩銀子用用你千萬帮我一个襯牛浦道我雖則同老爹是个舊鄰

居却從來不曾逼過財帛况且我又是客邊借這親家住著那里來的幾兩銀子與老爺石老鼠爷笑道你這小孩子就没良心了想著我當初揮金如土的時節你用了我不知多少而今看見你在人家招了親留你个臉面不好就說你到回出這樣話來牛浦發了急道這是那里來的話你就揮金如土我幾時看見你金子幾時看見你的土你一个尊年人不想做些好事只要在光水頭上鑽眼騙人石老鼠道牛浦郎

你不要說嘴想著你小時做的些醜事瞞的別人可瞞的過我況且你停妻娶妻在那里騙了卜家女兒在這里又騙了黃家女兒該當何罪你不乖乖的拏出幾兩銀子來我就同你到安東縣去講牛浦跳起來道那个怕你就同你到安東縣去當下兩人揪扭出了黃家門一直來到縣門口遇著縣里兩个頭役認得牛浦慌忙上前勸住問是甚麼事石老鼠就把他小時不成人的事說騙了卜家女兒到這里又騙了黃

家女兒又冒名頂替多少混賬事牛浦道他是我們那里有名的光棍叫做石老鼠而今越發老而無恥去年走到我家我不在家里他冒認是我舅舅騙飯喫今年又憑空走來問我要銀子那有這樣無情無理的事幾个頭役道也罷牛相公他這人年紀老了雖不是親戚到底是你的一个舊鄰居想是真正没有盤費了自古道家貧不是貧路貧貧殺人你此時有錢也不服氣拏出來給他我們衆人替你墊幾百文送

他去罷石老鼠還要爭衆頭役道這里不是你撒野的地方牛相公就同我老爺相與最好你一个尊年人不要討没臉面喫了苦去石老鼠聽見這話方纔不敢多言了接著幾百錢謝了衆人自去牛浦也謝了衆人回家纔走得幾步只見家門口一个隣居迎著來道牛相公你到這里説話當下拉到一个僻淨巷内告訴他道你家娘子在家同人吵哩牛浦道同誰吵隣居道你剛纔出門隨即一乘轎子一担行李一个

堂客來到你家娘子接了進去這堂客說他就是你的前妻要你見面在那里同你家黃氏娘子吵的狠娘子托我帶信叫你快些家去牛浦聽了這話就像提在冷水盆裡一般自心裏明白自然是石老鼠這老奴才把卜家的前頭娘子賈氏撮弄的來鬧了也沒奈何只得硬著胆走了來家到家門口站住脚聽一聽裡面吵鬧的不是賈氏娘子聲音是个浙江人便敲門進去和那婦人對了面彼此不認得黃氏道這便

是我家的了你看看可是你的丈夫牛奶奶問道你這位怎叫做牛布衣牛浦道我怎不是牛布衣但是我認不得你這位奶奶牛奶奶道我便是牛布衣的妻子你這廝冒了我丈夫的名字在此掛招牌分明是你把我丈夫謀害死了我怎肯同你開交牛浦道天下同名同姓也最多怎見得便是我謀害你丈夫這又出奇了牛奶奶道怎麼不是我從蕪湖縣問到甘露庵一路問來說在安東你既是冒我丈夫名字須要

還我丈夫當下哭喊起來叫跟來的侄子將牛浦扭著牛奶奶上了轎一直喊到縣前去了正值向知縣出門就喊了冤知縣叫補詞來當下補了詞出差拘齊了人掛牌第三日午堂聽審這一天知縣坐堂審的是三件第一件爲活殺父命事告狀的是个和尚這和尚因在山中拾柴看見人家放的許多牛內中有一條牛見這和尚把兩眼睜睜的只望着他和尚覺得心動走到那牛跟前那牛就兩眼拋梭的淌下淚來

和尚慌到牛跟前跪下牛伸出舌頭來舐他的頭舐著那眼淚越發多了和尚方纔知道是他的父親轉世因向那人家哭著求告施捨在庵裏供養著不想被庵里鄰居牽去殺了所以來告狀就帶施牛的這个人做干証向知縣取了和尚口供叫上那鄰居來問鄰居道小的三四日前是這和尚牽了這个牛來賣與小的小的買到手就殺了和尚昨日又來向小的說這牛是他父親變的要多賣幾兩銀子前日銀子賣

少了要來找價小的不肯他就同小的吵起來小的聽見人說這牛並不是他父親變的這和尚積年剃了光頭把鹽搽在頭上走到放牛所在見那極肥的牛他就跪在牛跟前哄出牛舌頭來舐他的頭牛但凡舐著鹽就要淌出眼水來他就說是他父親到那人家哭著求施捨施捨了來就賣錢用不是一遭了這回又拏這事告小的求老爺做主向知縣叫那施牛的人問道這牛果然是你施與他家的不曾要錢施牛

的道小的白送與他不曾要一个錢向知縣道輪迴之事本屬渺茫那有這个道理况旣說父親轉世不該又賣錢用這禿奴可惡極了即丟下籤來重責二十趕了出去第二件爲毒殺兄命事告狀人叫做胡賴告的是醫生陳安向知縣叫上原告來問道他怎樣毒殺你哥子胡賴道小的哥子害病請了醫生陳安來看他用了一劑藥小的哥子次日就發了跑躁跳在水里淹死了這分明是他毒死的向知縣道平日有

讐無讐胡賴道沒有讐向知縣叫上陳安來問
道你替胡賴的哥子治病用的是甚麽湯頭陳
安道他本來是个寒症小的用的是荆防發散
藥藥內放了八分細辛當時他家就有个親戚
是个團臉矮子在傍多嘴說是細辛用到三分
就要喫死了人本草上那有這句話落後他哥
過了三四日纔跳在水裡死了與小的甚麽相
干青天老爺在上就是把四百味藥藥性都查
徧了也沒見那味藥是喫了該跳河的這是那

裡說起醫生行著道怎當得他這樣誣陷求老爺做主向知縣道這果然也胡說極了醫家有割股之心況且你家有病人原該看守好了爲甚麼放他出去跳河與醫生何干這樣事也來告狀一齊趕了出去第三件便是牛奶奶告的狀爲謀殺夫命事向知縣叫上牛奶奶去問牛奶奶悉把如此這般從浙江尋到蕪湖從蕪湖尋到安東他現掛著我丈夫招牌我丈夫不問他要問誰要向知縣道這也怎麼見得向知縣

問牛浦道牛生員你一向可認得這个人牛浦道生員豈但認不得這婦人並認不得他丈夫他忽然走到生員家要起丈夫來真是天上飛下來的一件大冤枉事向知縣向牛奶奶道眼見得這牛生員叫做牛布衣你丈夫也叫做牛布衣天下同名同姓的多他自然不知道你丈夫蹤跡你到別處去尋訪你丈夫去罷牛奶奶在堂上哭哭啼啼定要求向知縣替他伸冤纏的向知縣急了說道也罷我這里差兩个衙役

把這婦人解回紹興你到本地告狀去我那里
管這樣無頭官事牛生員你也請回去罷說罷
便退了堂兩个解役把牛奶奶解往紹興去了
自因這一件事傳的上司知道說向知縣相與
做詩文的人放著人命大事都不問要把向知
縣訪聞參處按察司具揭到院這按察司姓崔
是太監的姪兒蔭襲出身做到按察司這日叫
幕客叙了揭帖稿取來燈下自已細看爲特參
昏庸不職之縣令以肅官方事内開安東縣知

縣向鼎許多事故自己看了又念念了又看燈燭影裡只見一个人雙膝跪下崔按察舉眼一看原來是他門下的一个戲子叫做鮑文卿按察司道你有甚麼話起來說鮑文卿道方纔小的看見大老爺要參處的這位是安東縣向老爺這位老爺小的也不曾認得但自從七八歲學戲在師父手裡就念的是他做的曲子這老爺是个大才子大名士如今二十多年了纔做得一个知縣好不可憐如今又要因這事參處

了況他這件事也還是敬重斯文的意思不知可以求得大老爺免了他的參處罷按察司道不想你這一个人倒有愛惜才人的念頭你倒有這个意思難道我倒不肯只是如今免了他這一个革職他却不知道是我救他我如今將這些緣故寫一个書子把你送到他衙門裏去叫他謝你幾百兩銀子回家做个本錢鮑文卿磕頭謝了按察司吩咐書房小厮去向幕賓說這安東縣不要參了過了幾日果然差一个衙

役拏著書子把鮑文卿送到安東縣向知縣把書子拆開一看大驚忙叫快開宅門請這位鮑相公進來向知縣便迎了出去鮑文卿靑衣小帽走進宅門雙膝跪下便叩老爺的頭跪在地下請老爺的安向知縣雙手來扶要同他敘禮他道小的何等人敢與老爺施禮向知縣道你是上司衙門裡的人況且與我有恩怎麼拘這个禮快請起來好讓我拜謝他再三不肯向知縣拉他坐他斷然不敢坐向知縣急了說崔大

老爺送了你來我若這般待你崔大老爺知道不使鮑文卿道雖是老爺要格外擡舉小的但這个關係朝廷體統小的斷然不敢立著垂手回了幾句話退到廊下去了向知縣托家裡親戚出來陪他也斷不敢當落後叫管家出來陪他纔歡喜了坐在管家房里有說有笑次日向知縣備了席擺在書房里自己出來陪斟酒來奉他跪在地下斷不敢接酒叫他坐也到底不坐向知縣沒奈何只得把酒席發了下去叫管

家陪他喫了他還上來謝賞向知縣寫了謝按察司的禀帖封了五百兩銀子謝他他一厘也不敢受說道這是朝廷頒與老爺們的俸銀小的乃是賤人怎敢用朝廷的銀子小的若領了這項銀子去養家口一定折死小的大老爺天恩留小的一條狗命向知縣見他說道這田地不好强他因把他這些話又寫了一个禀帖禀按察司又留他住了幾天差人送他回京按察司聽見這些話說他是个獃子也就罷了又過

了幾時按察司陞了京堂把他帶進京去不想一進了京按察司就病故了鮑文卿在京沒有靠山他本是南京人只得收拾行李回南京來這南京乃是太祖皇帝建都的所在裡城門十三外城門十八穿城四十里沿城一轉足有一百二十多里城裡幾十條大街幾百條小巷都是人烟湊集金粉樓臺城裏一道河東水關到西水關足有十里便是秦淮河水滿的時候畫船簫鼓晝夜不絕城裏城外琳宮梵宇碧瓦朱

麄在六朝時是四百八十寺到如今何止四千八百寺大街小巷合共起來大小酒樓有六七百座茶社有一千餘處不論你走到一个僻巷里面總有一个地方懸著燈籠賣茶插著時鮮花朶烹著上好的雨水茶社裡坐滿了喫茶的人到晚來兩邊酒樓上明角燈每條街上足有數千盞照耀如同白日走路人並不帶燈籠那秦淮到了有月色的時候越是夜色已深更有那細吹細唱的船來淒淸委婉動人心魄兩邊

河房裡住家的女郎穿了輕紗衣服頭上簪了茉莉花一齊捲起湘簾憑欄靜聽所以燈船鼓聲一响兩邊簾捲牕開河房里焚的龍涎沉速香霧一齊噴出來和河里的月色烟光合成一片望著如閬苑仙人瑤宮仙女還有那十六樓官妓新粧袨服招接四方遊客真乃朝朝寒食夜夜元宵這鮑文卿住在水西門水西門與聚寶門相近這聚寶門當年說每日進來有百牛千猪萬担糧到這時候何止一千个牛一萬个

猪粮食更無其數鮑文卿進了水西門到家和妻子見了他家本是幾代的戲行如今仍舊做這戲行營業他這戲行裡淮清橋是三个總寓一个老郎庵水西門是一个總寓一个老郎庵總寓內都掛著一班一班的戲子牌凡要定戲先幾日要在牌上寫一个日子鮑文卿却是水西門總寓掛牌他戲行規矩最大但凡本行中有不公不法的事一齊上了庵燒過香坐在總寓那裡品出不是來要打就打要罰就罰一个

字也不敢拗的還有洪武年間起首的班子一班十幾个人每班立一座石碑在老郎庵裡十幾个人共刻在一座碑上比如有祖宗的名字在這碑上的子孫出來學戲就是世家子弟畧有幾歲年紀就稱爲老道長凡遇本行公事都向老道長說了方纔敢行鮑文卿的祖父的名字却在那第一座碑上他到家料理了些柴米就把家裡笙簫管笛三弦琵琶都查點了出來也有斷了弦也有壞了皮的一總塵灰寸壅他

查出來放在那里到總寓傍邊茶館內去會會同行纔走進茶館只見一个人坐在那裡頭戴高帽身穿寶藍緞直裰脚下粉底皂靴獨自坐在那里喫茶鮑文卿近前一看原是他同班唱老生的錢麻子錢麻子見了他來說道文卿你從幾時回來的請坐喫茶鮑文卿道我方纔遠遠看見你只疑惑是那一位翰林科道老爺錯走到我這裡來喫茶原來就是你這老屁精當下坐了喫茶錢麻子道文卿你在京里走了一

回見過幾个做官的回家就拏翰林科道來嚇
我了鮑文卿道兄弟不是這樣說像這衣服靴
子不是我們行事的人可以穿得的你穿這樣
衣裳叫那讀書的人穿甚麼錢麻子道而今事
那是二十年前的講究了南京這些鄉紳人家
壽誕或是喜事我們只拏一副蠟燭去他就要
留我們坐著一桌喫飯憑他甚麼大官他也只
坐在下面若遇同席有幾个學裡酸子我眼角
裡還不曾看見他哩鮑文卿道兄弟你說這樣

不安本分的話豈但來生還做戲子連變驢變馬都是該的錢麻子笑著打了他一下茶館裡拏上点心來喫喫著只見外面又走進一个人來頭戴浩然巾身穿醬色紬直裰脚下粉底皂靴手執龍頭拐杖走了進來錢麻子道黃老爹到這里來喫茶黃老爹道我道是誰原來是你們二位到跟前纔認得怪不得我今年已八十二歲了眼睛該花了文卿你幾時來的鮑文卿道到家不多幾日還不會來看老爹日子好過

的快相別已十四年記得我出門那日還在國公府徐老爺裡面看著老爺妝了一齣茶博士纔走的老爹而今可在班裡了黃老爹搖手道我久已不做戲子了坐下添点心來喫向錢麻子道前日南門外張舉人家請我同你去下棋你怎麼不到錢麻子道那日我班裡有生意明日是鼓樓外薛鄉紳小生日定了我徒弟的戲我和你明日要去拜壽鮑文卿道那个薛鄉紳黃老爹道他是做過福建汀州知府和我同年

今年八十二歲朝廷請他做鄉飲大賓了鮑文卿道像老爹拄著拐杖緩步細搖依我說這鄉飲大賓就該是老爹做又道錢兄弟你看老爹這个體統豈止像知府告老回家就是尚書侍郎回來也不過像老爹這个排場罷了那老畜生不曉的這話是笑他反忻忻得意當下喫完了茶各自散了鮑文卿雖則因這些事看不上眼自己却還要尋幾个孩子起个小班子因在城裡到處尋人說話那日走到鼓樓坡上遇著

一个人有分教邂逅相逢舊交更添氣色婚姻有分子弟亦被恩光畢竟不知鮑文卿遇的是个甚麽人且聽下回分解

此篇前半結過牛浦郎遞入鮑文卿傳命案三件其情節荒唐畧同兩虛一實襯托妙無痕跡寫向知縣是个通才却不費筆墨只用一兩句點逗大畧又從鮑文卿口中傳述行文深得避實擊虛之妙

鮑文卿之做戲子乃其祖父相傳之世業文

卿溷跡戲行中而矯矯自好不媿其爲端人正士雖做戲子庸何傷天下何嘗不有士大夫而身爲戲子之所爲者則名儒而實戲也今文卿居然一戲子而實不愧於士大夫之列則名戲而實儒也南華云吾將爲名乎名者實之賓也吾將爲賓乎

書中如揚州如西湖如南京皆名勝之最定當用特筆提出描寫作者用意已囊括荆楚歲時東京夢華諸筆法故令閱者讀之飄然

神往不知其何以移我情也

優伶賤輩不敢等于士大夫分宜爾也乃輓近之士大夫往往于歌酒場中輙𣵀此輩同起同坐以爲雅趣也脫俗也而此輩久而習慣竟以爲分內事有不如是者卽目以爲不在行一二寒士在坐不惜多方以揶揄之彼富貴中人方且相視而笑恬然不怪嗚呼其識見眞出文卿下也

儒林外史第二十四回

儒林外史第二十四回

鮑文卿南京遇舊　倪廷璽安慶招親

話說鮑文卿到城北去尋人覓孩子學戲走到鼓樓坡上他纔上坡遇着一个人下坡鮑文卿看那人時頭戴破毡帽身穿一件破黑紬直裰腳下一雙爛紅鞋花白鬍鬚約有六十多歲光景手裡拏着一張破琴琴上貼着一條白紙紙上寫着四个字道修補樂器鮑文卿趕上幾步向他拱手道老爹是會修補樂器的麼那人道

正是鮑文卿道如此屈老爹在茶館坐坐當下兩人進了茶館坐下拿了一壺茶來喫著鮑文卿道老爹尊姓那人道賤姓倪鮑文卿道尊府在那里那人道遠哩舍下在三牌樓鮑文卿道倪老爹你這修補樂器三弦琵琶都可以修得麽倪老爹道都可以修得的鮑文卿道在下姓鮑舍下住在水西門原是梨園行業因家裡有幾件樂器壞了要借重老爹修一修如今不知是屈老爹到舍下去修好還是送到老爹府上

去修倪老爹道長兄你共有幾件樂器鮑文卿道只怕也有七八件倪老爹道有七八件就不好拿來還是我到你府上來修罷也不過一兩日功夫我只擾你一頓早飯晚里還回來家鮑文卿道這就好了只是茶水不周老爹休要見怪又道幾時可以屈老爹去倪老爹道明日不得閑後日來罷當下說定了門口挑了一担茯苓糕來鮑文卿買了半斤同倪老爹喫了彼此告别鮑文卿道後日淸晨專候老爹倪老爹應

諾去了鮑文卿回來和渾家說下把樂器都揩抹淨了搬出來擺在客座裡到那日清晨倪老爹來了喫過茶點心拏這樂器修補修了一回家里兩个學戲的孩子捧出一頓素飯來鮑文卿陪着倪老爹喫了到下午時候鮑文卿出門回來向倪老爹道郄是怠慢老爹的緊家里沒个好菜蔬不恭我而今約老爹去酒樓上坐坐這樂器丟着明日再補罷倪老爹道爲甚麼又要取擾當下兩人走出來到一个酒樓上揀了

一个僻淨座頭坐下堂官過來問可會有客倪老爹道沒有客了你這裡有些甚麼菜走堂的疊着指頭數道肘子句鴨子句黃悶魚句醉白魚句雜膾句單雞句白切肚子句生燜肉句京燜肉句燜肉片句煎肉圓句悶青魚句煮鰱頭句還有便碟白切肉倪老爹道長兄我們自己人喫个便碟罷鮑文卿道便碟不恭因叫堂管先拏賣鴨子來喫酒再燜肉片帶飯來堂管應下去了須臾捧着一賣鴨子兩壺酒上來鮑文

卿起身斟倪老爹一盃坐下喫酒因問倪老爹道我看老爹像个斯文人因甚做這修補樂器的事那倪老爹歎一口氣道長兄告訴不得你我從二十歲上進學到而今做了三十七年的秀才就壞在讀了這幾句死書拏不得輕負不的重一日窮似一日兒女又多只得借這手藝餬口原是沒奈何的事鮑文卿驚道原來老爹是學校中人我大胆的狠了請問老爹幾位相公老太太可是齊眉倪老爹道老妻還在從前

倒有六个小兒而今說不得了鮑文卿道這是
甚麽原故倪老爹說到此處不覺悽然垂下淚
來鮑文卿又斟一杯酒遞與倪老爹道老爹
你有甚心事不妨和在下說我或者可以替你
分憂倪老爹道這話不說罷說了反要惹你長
兒笑鮑文卿道我是何等之人敢笑老爹老爹
只管說倪老爹道不瞞你說我是六个兒了死
了一个而今只得第六个小兒子在家里那四
个說着又忍着不說了鮑文卿道那四个怎的

倪老爹被他問急了說道長兄你不是外人料想也不笑我我不瞞你說那四个兒子我都因沒有的喫用把他們賣在他州外府去了鮑文卿聽見這句話忍不住的眼裏流下淚來說道這是个可憐了倪老爹垂淚道豈但那四个賣了這一个小的將來也留不住也要賣與人去鮑文卿道老爹你和你家老太太怎的捨得倪老爹道只因衣食欠缺留他在家跟着餓死不如放他一條生路鮑文卿着實傷感了一會說

道這件事我到有个商議只是不好在老爹跟
前說倪老爹道長兄你有甚麼話只管說有何
妨鮑文卿正待要說又忍住道不說罷這話說
了恐怕惹老爹怪倪老爹道豈有此理任憑你
說甚麼我怎肯怪你鮑文卿道我大胆說了罷
倪老爹道你說你說鮑文卿道老爹比如你要
把這小相公賣與人若是賣到他州別府就和
那幾个相公一樣不見面了如今我在下四十
多歲生平只得一个女兒並不曾有个兒子你

老人家若肯不棄賤行把這小令郎過繼與我我照様送過二十兩銀子與老爹我撫養他成人平日逢時遇節可以到老爹家裡來後來老爹事體好了依舊把他送還老爹這可以使得的麼倪老爹道若得如此就是我的小兒子恩星照命我有甚麼不肯但是既過繼與你累你撫養我那里還收得你的銀子鮑文卿道說那里話我一定送過二十兩銀子來說罷彼此又喫了一回會了賬出得店門趁天色未黑倪老

爹回家去了鮑文卿回來把這話向乃眷說了一遍乃眷也歡喜次日倪老爹清早來補藥器會着鮑文卿說昨日商議的話我回去和老妻說老妻也甚是感激如今一言爲定擇个好日就帶小兒來過繼便了鮑文卿大喜自此兩人呼爲親家過了幾日鮑家備了一席酒請倪老爹倪老爹帶了兒子來寫立過繼文書憑着左鄰開絨線店張國重右鄰開香蠟店王羽秋兩个鄰居都到了那文書上寫道立過繼文書倪

霜峯今將第六子倪廷璽年方一十六歲因日食無措夫妻商議情愿出繼與鮑文卿名下爲義子改名鮑廷璽此後成人婚娶俱係鮑文卿撫養立嗣承祧兩無異說如有天年不測各聽天命今欲有憑立此過繼文書永遠存照嘉靖十六年十月初一日立過繼文書倪霜峯憑中鄰張國重王羽秋都畫了押鮑文卿拿出二十兩銀子來付與倪老爹去了鮑文卿又謝了衆人自此兩家來往不絕這倪廷璽改名鮑廷璽

甚是聰明伶俐鮑文卿因他是正經人家兒子不肯叫他學戲送他讀了兩年書幫着當家管班到十八歲上倪老爹去世了鮑文卿又拿出幾十兩銀子來替他料理後事自己去一連哭了幾塲依舊叫兒子去披麻戴孝送倪老爹入土自此以後鮑廷璽着實得力他娘說他是螟蛉之子不疼他只疼的是女兒女壻鮑文卿說他是正經人家兒女比親生的還疼些每日喫茶喫酒都帶着他在外攬生意都同着他讓他

賺幾个錢添衣帽鞋襪又心裡算計要替他娶个媳婦那日早上正要帶着鮑廷璽出門只見門口一个人騎了一匹騾子到門口下了騾子進來鮑文卿認得是天長縣杜老爺的管家姓邵的便道邵大爺你幾時過江來的邵管家道特過江來尋鮑師父鮑文卿同他作了揖叫兒子也作了揖請他坐下拿水來洗臉拿茶來喫喫着問道我記得你家老太太該在這年把正七十歲想是過來定戲的你家大老爺在府安

郜管家笑道正是爲此老爺吩咐要定二十本戲鮑師父你家可有班子若有就接了你的班子過去鮑文卿道我家現有一个小班自然該去伺候只不知要幾時動身郜管家道就在出月動身說罷郜管家叫跟隨的人把行李搬了進來騾子打發回去郜管家在被套內取出一封銀子來遞與鮑文卿道這是五十兩定銀鮑師父你且收了其餘的領班子過去再付卿文收了銀子當晚整治酒席大盤大碗留郜管家

喫了半夜次日鄒管家上街去買東西買了四五天僱頭口先過江去了鮑文卿也就收拾帶着鮑文璽領了班子到天長杜府去做戲做了四十多天回來足足賺了一百幾十兩銀子父子兩个一路感杜府的恩德不盡那一班十幾个小戲子也是杜府老太太每人另外賞他一件棉襖一雙鞋襪各家父母知道也着實感恩又來謝了鮑文卿鮑文卿仍舊領了班子在南京城裡做戲那一日在上河去做夜戲五更天

散了戲戲子和箱都先進城來了他父子兩个在上河澡堂子裡洗了一个澡喫了些茶點心慢慢走回來到了家門口鮑文卿道我們不必攏家了內橋有个人家定了明日的戲我和你趁早去把他的銀子秤來當下鮑廷璽跟着兩个人走到坊口只見對面來了一把黃傘兩對紅黑帽一柄遮陽一頂大轎知道是外府官過父子兩个站在房簷下看讓那傘和紅黑帽過去了遮陽到了跟前上寫着安慶府正堂鮑文

卿正仰臉看着遮陽轎子已到那轎子裡面的官看見鮑文卿喫了一驚鮑文卿回過臉來看那官時原來便是安東縣向老爺他原來陞了轎子纔過去那官叫跟轎的青衣人到轎前說了幾句話那青衣人飛跑到鮑文卿跟前問道太老爺問你可是鮑師父麼鮑文卿道我便是太老爺可是做過安東縣陞了來的那人道是太爺公館在貢院門口張家河房裡請鮑師父在那裡去相會說罷飛跑趕着轎子去了鮑文

卿領着兒子走到貢院前香蠟店裡買了一个手本上寫門下鮑文卿叩走到張家河房門口知道向太爺已經回寓了把手本遞與管門的說道有勞大爺稟聲我是鮑文卿來叩見太老爺門上人接了手本說道你且伺候着鮑文卿同兒子坐在板櫈上坐了一會裡面打發小厮出來問道門上的太爺問有个鮑文卿可曾來門上人道來了有手本在這裡慌忙傳進手本去只聽得裡面道快請鮑文卿叫兒子在外面

候着自已跟了管門的進去進到河房來向知府已是紗帽便服迎了出來笑着說道我的老友到了鮑文卿跪下磕頭請安向知府雙手扶住說道老友你若只管這樣拘禮我們就難相與了再三再四拉他坐他又跪下告了坐方敢在底下一个櫈子上坐了向知府坐下說道文卿自同你别後不覺已是十餘年我如今老了你的鬍子却也白了許多鮑文卿立起來道太老爺高陞小的多不知道不曾叩得大喜向知

府道請坐下我告訴你我在安東做了兩年又到四川做了一任知州轉了個二府今年纔陞到這裏你自從崔大人死後回家來做些什麼事鮑文卿道小的本是戲子出身回家沒有甚事依舊教壹小班子過日向知府道你方纔同走的那少年是誰鮑文卿道那就是小的兒子帶在公館門口不敢進來向知府道為甚麼不進來叫人快出去請鮑相公進來當下一个小廝領了鮑廷璽進來他父親叫他磕太老爺的

頭向知府親手扶起問你今年十幾歲了鮑廷璽道小的今年十七歲了向知府道好个氣質像正經人家的兒女叫他坐在他父親傍邊向知府道文卿你這令郎也學戲行的營業麼鮑文卿道小的不曾教他學戲他念了兩年書而今跟在班裡記賬向知府道這个也好我如今還要到各上司衙門走走你不要去同令郎在我這里喫了飯我回來還有話替你說說罷換了衣服起身上轎去了鮑文卿同兒子走到管

家們房裡管宅門的王老爹本來認得彼此作了揖叫兒子也作了揖看見王老爹的兒子小王已經長到三十多歲滿嘴有鬍子了王老爹極其歡喜鮑文卿拿出一个大紅緞子釘金線的鈔袋來裡頭裝着一錠銀子送與他鮑廷璽作揖謝了坐着說些閑話喫過了飯向知府直到下午纔回來換去了大衣服仍舊坐在河房裡請鮑文卿父子兩个進來坐下說道我明日就要回衙門去不得和你細談因叫小厮在房

裡取出一封銀子來遞與他道這是二十兩銀子你且收着我去之後你在家收拾收拾把班子托與人領着你在半个月內同令郎到我衙門裡來我還有話和你說鮑文卿接着銀子謝了太老爺的賞說道小的總在半個月內領了兒子到太老爺衙門裡來請安當下又留他喫了酒鮑文卿同兒子回家歇息次早又到公館裡去送了向太爺的行回家同渾家商議把班子暫托與他女婿歸姑爺同教師金次福領着

他自已收拾行李衣服又買了幾件南京的人事頭繩肥皂之類帶與衙門裡各位管家又過了幾日在水西門搭船到了池口只見又有兩个人搭船艙內坐着彼此談及鮑文卿說要到向太爺衙門裡去的那兩人就是安慶府裡的書辦一路就奉承鮑家父子兩个買酒買肉請他喫着晚上候别的客人睡着了便悄悄向鮑文卿說有一件事只求太爺批一个准字就可以送你二佰兩銀子又有一件事縣裡詳上來

只求太爺駁下去這件事竟可以送三百兩你鮑太爺在我門太老爺跟前懇个情罷鮑文卿道不瞞二位老爹說我是个老戲子乃下賤之人蒙太老爺擡舉叫到衙門裡來我是何等之人敢在太老爺跟前說情那兩个書辦道鮑太爺你疑惑我這話是說慌麽只要你肯說這情上拼先兌五百兩銀子與你鮑文卿笑道我若是歡喜銀子當年在安東縣曾賞過我五百兩銀子我不敢受自己知道是个窮命須是骨頭

裡掙出來的錢纔做得肉我怎肯瞞着太老爺拿這項錢況且他若有理斷不肯拿出幾百兩銀人來尋情若是准了這一邊的情就要叫那邊受屈豈不喪了陰德依我的意思不但我不敢管連二位老爹也不必管他自古道公門裡好修行你們伏侍太老爺凡事不可壞了太老爺清名也要各人保着自已的身家性命幾句說的兩个書辦毛骨悚然一塲沒趣扯了一个淡罷了次日早辰到了安慶宅門上投進手本

去向知府叫將他父子兩人行李搬在書房裡面住每日同自已親戚一桌喫飯又拿出許多紬和布來替他父子兩个裡裡外外做衣裳一日向知府走來書房坐着問道文卿你令郎可曾做過親事麼鮑文卿道小的是窮人這件事還做不起向知府道我倒有一句話若說出來恐怕得罪你這事你若肯相就倒了我一个心願鮑文卿道太老爺有甚麼話吩咐小的怎敢不依向知府道就是我家總管姓王的他有一

个小女兒生得甚是乖巧老妻着實疼愛他帶在房裡梳頭裹脚都是老妻親手打扮今年十七歲了和你令郎是同年這姓王的在我家已經三代我把投身紙都查了賞他已不算我家的管家了他兒子小王我又替他買了一个部裡書辦名字五年考滿便選一个典史雜職你若不棄嫌便把這令郎招給他做个女婿將來這做官的便是你令郎的阿舅了這个你可肯麼鮑文卿道太老爺莫大之恩小的知感不盡

只是小的兒子不知人事不知王老爹可肯要他做女婿向知府道我替他說了他極歡喜你令郎的這事不要你費一个錢你只明日拿一个帖子同姓王的拜一拜一切床帳被褥衣服首飾酒席之費都是我備辦齊了替他兩口子完成好事你只做个現成公公罷了鮑文卿跪下謝太老爺向知府雙手扶起來說道這是甚麼要緊的事將來我還要為你的情哩次日鮑文卿拿了帖子拜王老爹王老爹也回拜了到

晚上三更時分忽然撫院一个差官一匹馬同了一位二府擡了轎子一直走上堂來叫請向太爺出來滿衙門的人都慌了說道不好了來摘印了只因這一番有分教榮華富貴享受不過片時潦倒摧頹波瀾又興多少不知這來的官果然摘印與否且聽下回分解

自科舉之法行天下人無不銳意求取科名其實千百人求之其得手者不過一二人不得手者不稂不莠旣不能力田又不能商賈

坐食山空不至於賣兒鬻女者幾希矣倪霜峯云可恨當年誤讀了幾句死書死書二字奇妙得未曾有不但可爲救時之良藥亦可爲醒世之晨鐘也

向太守之謙光鮑文卿之卑下可謂賓主嘉賓矣寫太守之愛文卿父子出於中心之誠而文卿父子一種感激不望報之心又歷歷如見詩云中心藏之何日忘之太守有焉易云謙謙君子卑以自牧文卿有焉

儒林外史第二十六回

向觀察陞官哭友　鮑文卿喪父娶妻

話說向知府聽見摘印官來忙將刑名錢穀相公都請到跟前說道諸位先生將房裡各樣稿案查點查點務必要查細些不可遺漏了事說罷開了宅門匆匆出去了出去會見那二府拿出一張牌票來看了附耳低言了幾句二府上轎去了差官還在外候着向太守進來親戚和鮑文卿一齊都迎着問向知府道沒甚事不相

于是寧國府知府壞了委我去摘印當下料理門去連夜同差官往寧國去了衙門裡打首飾縫衣服做床帳被褥糊房打點王家女兒招女婿忙了幾日向知府回來了擇定十月十三大吉之期衙門外傳了一班鼓手兩个儐相進來鮑文璽插着花披着紅身穿紬緞衣服腳下粉底皂靴先拜了父親吹打着迎過那邊去拜了丈人丈母小王穿着補服出來陪妹婿喫過三遍茶請進洞房裡和新娘交拜合卺不必細說

次日清早出來拜見老爺夫人夫人另外賞了八件首飾兩套衣服衙裡擺了三天喜酒無一个人不喫到滿月之後小王又要進京去選官鮑文卿備酒替小親家餞行鮑廷璽親自送阿舅上船送了一天路纔囬來自此以後鮑廷璽在衙門裡只如在雲端裡過日子看看過了新年開了印各縣送童生來府考向知府要下察院考童生向鮑文卿父子兩个道我要下察院去考童生這些小厮們若帶去巡視他們就要

作弊你父子兩个是我心腹人替我去照顧幾天鮑文卿領了命父子兩个在察院裡巡場查號安慶七學共考三場見那些童生也有代筆的也有傳遞的大家丟紙團掠磚頭擠眉弄眼無所不為到了搶粉湯包子的伺候大家推成一團跌成一塊鮑廷璽看不上眼有一个童生推着出恭走到察院土牆跟前把土牆挖个洞伸手要到外頭去接文章被鮑廷璽看見要採他過來見太爺鮑文卿攔住道這是我小兒不

知世事相公你一個正經讀書人快歸號裡去做文章倘若太爺看見了就不便了忙拾起些土來把那洞補好把那个童生送進號去考事已畢發出案來懷寧縣的案首叫做季萑他父親是个武兩榜同向知府是文武同年在家候選守備發案過了幾日季守備進來拜謝向知府設席相留席擺在書房裡叫鮑文卿同着出來坐坐當下季守備首席向知府主位鮑文卿坐在横頭季守備道老公祖這一番考試至公

至明合府無人不服向知府道年先生這看文字的事我也荒疎了到是前日考場裡虧我這鮑朋友在彼巡場還不曾有甚麼弊竇此時季守備纔曉得這人姓鮑後來漸漸說到他是一个老梨園脚色季守備臉上不覺就有些怪物相向知府道而今的人可謂江河日下這些中進士做翰林的和他說到傳道窮經他便說迂而無當和他說到通今博古他便說雜而不精究竟事君交友的所在全然看不得不如我這

鮑朋友他雖生意是賤業倒頗々多君子之行因將他生平的好處說了一番季守備也就肅然起敬酒罷辭了出來過三四日倒把鮑文卿請到他家裡喫了一餐酒考案首的兒子季萑也出來陪坐鮑文卿見他是一个美貌少年便問少爺尊號季守備道他號叫做葦蕭當下喫完了酒鮑文卿辭了回來向向知府着實稱贊這季少爺好个相貌將來不可限量又過了幾个月那王家女兒懷着身子要分娩不想養不

下來死了鮑文卿父子兩个慟哭向太守到反勸道也罷這是他各人的壽數你們不必悲傷了你小小年紀我將來少不的再替你娶个媳婦你們若只管哭將惹得夫人心裡越發不好過了鮑文卿也吩咐兒子叫不要只管哭但他自已也添了个痰火疾不時舉動動不動就要咳嗽半夜意思要辭了向太爺回家去又不敢說出來恰好向太爺陞了福建汀漳道鮑文卿向向太守道太老爺又恭喜高陞小的本該跟

隨太老爺去怎奈小的老了又得了病在身上小的而今叩辭了太老爺回南京去丟下兒子跟着太老爺伏侍罷向太守道老友這樣遠路路上又不好走你年紀老了我也不肯拉你去你的兒子你留在身邊奉侍你我帶他去做甚麼我如今就要進京陛見我先送你回南京去我自有道理次日封出一千兩銀子叫小廝捧着拿到書房裡來說道文卿你在我這裡一年多並不曾見你說過半个字的人情我替你娶

个媳婦又没命死了我心裡着實過意不去而今這一千兩銀子送與你你拿回家去置些産業娶一房媳婦養老送終我若做官再到南京來再接你相會鮑文卿又不肯受向道臺道而今不比當初了我做府道的人不窮在這一千兩銀子你若不受把我當做甚麽人鮑文卿不敢違拗方纔磕頭謝了向道臺吩咐叫了一隻大船備酒替他餞行自已送出宅門鮑文卿同兒子跪在地下洒淚告辭向道臺也揮淚和他

分手鮑文卿父子兩个帶着銀子一路來到南京到家告訴渾家向太老爺這些恩德舉家感激鮑文卿扶着病出去尋人把這銀子買了一所房子兩副行頭租與兩个戲班子穿着剩下的家裡盤纏又過了幾个月鮑文卿的病漸漸重了卧床不起自己知道不好了那日把渾家兒子女兒女婿都叫在跟前吩咐他們同心同意好好過日子不必等我滿服就要一房媳婦進來要緊說罷瞑目而逝閤家慟哭料理後事

把棺材就停在房子中間開了幾日喪四个總寓的戲子都來弔孝鮑廷璽又尋陰陽先生尋了一塊地擇个日子出殯只是沒人題銘旌正在躊躇只見一个青衣人飛跑來了問道這裡可是鮑老爹家鮑廷璽道便是你是那裡來的那人道福建汀漳道向太老爺來了轎子已到了門前鮑廷璽忙換了孝服穿上青衣到大門外去跪接向道臺下了轎看見門上貼着白問道你父親已是死了鮑廷璽哭着應道小的

父親死了向道臺道沒了幾時了鮑廷璽道明日就是四七向道臺道我陞見回來從這裡過正要會會你父親不想已做故人你引我到柩前去鮑廷璽哭着跪辭向道臺不肯一直走到柩前叫着老友文卿慟哭了一場上了一炷香作了四个揖鮑廷璽的母親也出來拜謝了向道臺出到廳上問道你父親幾時出殯鮑廷璽道擇在出月初八日向道臺道誰人題的銘旌鮑廷璽道小的和人商議說銘旌上不好寫向

道臺道有甚麼不好寫取紙筆過來當下鮑廷璽送上紙筆向道臺取筆在手寫道皇明義民鮑文卿享年五十有九之柩賜進士出身中憲大夫福建汀漳道老友向鼎頓首拜題寫完遞與他道你就照着這个送到亭彩店內去做又說道我明早就要開船了還有些少助喪之費今晚送來與你說罷喫了一杯茶上轎去了鮑廷璽隨即跟到船上叩謝過了太老爺回來晚上向道臺又打發一个管家拿着一百兩銀子

送到鮑家那管家茶也不曾吃匆匆回船去了這裡到出月初八日做了銘旌吹手亭彩和尚道士歌郎替鮑老爹出殯一直出到南門外同行的人都出來送殯在南門外酒樓上擺了幾十桌齋喪事已畢過了半年有餘一日金次福走來請鮑老太說話鮑廷璽就請了在堂屋裡坐着進去和母親說了鮑老太走了出來說道金師父許久不見今日甚麼風吹到此金次福道正是好久不曾來看老太老太在家享福你

那行頭而今換了班子穿着了老太道因為班子在城裡做戲生意行得細如今換了一个文元班內中一半也是我家的徒弟在盱眙天長這一帶走他那裡鄉紳財主多還賺的幾个大錢金次福道這樣你老人家更要發財了當下喫了一杯茶金次福道我今日有一頭親事來作成你家廷璽娶過來到又可以發个大財鮑老太道是那一家的女兒金次福道這人是內橋胡家的女兒胡家是布政使司的衙門起初

把他嫁了安豐典管當的王三胖不到一年光景王三胖就死了這堂客總得二十一歲出奇的人才就上畫也是畫不就的因他年紀小又沒見女所以娘家主張着嫁入這王三胖丟給他足有上千的東西大床一張涼床一張四箱四櫥箱子裡的衣裳盛的滿滿的手也插不下去金手鐲有兩三付赤金冠子兩頂真珠寶石不計其數還有兩个丫頭一个叫做荷花一个叫做採蓮都跟着嫁了來你若娶了他與廷璽

他兩人年貌也還相合這是極好的事一番話說得老太滿心歡喜向他說道金師夫費你的心我還要托我家姑爺出去訪訪訪的確了來尋你老人家做媒金次福道這是不要訪的也罷訪訪也好我再來討回信說罷去了鮑廷璽送他出去到晚他家姓歸的姑爺走來老太一五一十把這些話告訴他托他出去訪歸姑爺又問老太要了幾十个錢帶着明日早上去喫茶次日走到一个做媒的沈天孚家沈天孚的

老婆也是一个媒婆有名的沈大脚歸姑爺到
沈天孚家拉出沈天孚來在茶館裡喫茶就問
起這頭親事沈天孚道哦你問的是胡七喇子
麼他的故事長着哩你買幾个燒餅來等我喫
飽了和你說歸姑爺走到隔壁買了八个燒餅
拿進茶館來同他喫着說道你說這故事罷沈
天孚道慢些待我喫完了說當下把燒餅喫完
了說道你問這个人怎的莫不是那家要娶他
這个堂客是娶不得的若娶進門就要一把天

火歸姑爺道這是怎的沈天孚道他原是跟布
政使司胡偏頭的女兒偏頭死了他跟着哥們
過日子他哥不成人賭錢喫酒把布政使的缺
都賣掉了因他有幾分顏色從十七歲上就賣
與北門橋來家做小他做小不安本分人叫他
新娘他就要罵要人稱呼他是太太被大娘子
知道一頓嘴巴子趕了出來復後嫁了王三胖
王三胖是一个候選州同他眞正是太太了他
做太太又做的過了把大獃的兒子媳婦一天

要罵三場家人婆娘兩天要打八頓這些人都恨如頭醋不想不到一年三胖死了兒子疑惑三胖的東西都在他手裡那日進房來搜家人婆娘又幫着圖出氣這堂客有見識預先把一匣子金珠首飾一總倒在馬桶裡那些人在房裡搜了一遍搜不出來又搜太太身上也搜不出銀錢來他借此就大哭大喊喊到上元縣堂上去了出首兒子上元縣傳齊了審把兒子責罰了一頓又勸他道你也是嫁過了兩个丈夫

的了還守甚麼節看這光景兒子也不能和你一處同住不如叫他分个產業給你另在一處你守着也由你你再嫁也由你當下處斷出來他另分幾間房子在胭脂巷住就爲這胡七喇子的名聲沒有人敢惹他這事有七八年了他怕不也有二十五六歲他對人曰說二十一歲歸姑爺道他手頭有千把銀子的話可是有的沈天孚道大約這幾年也花費了他的金珠首飾錦緞衣服也還值五六百銀子這是有的歸

姑爺心裡想道果然有五六百銀子我丈母心裡也歡喜了若說女人會攛掇我那怕磨死倪家這小孩子因向沈天孚道天老這要娶他的人就是我丈人抱養這个小孩子這親事是他家教師金次福來說的你如今不管他喇子不喇子替他撮合成了自然重重的得他幾个媒錢你為甚麼不做沈天孚道這有何難我到家叫我家堂客同他一說管包成就只是謝媒錢在你歸姑爺道這个自然我且去罷再來討你

的閒信當下付了茶錢出門來彼此散了沈天孚回家來邪沈大腳說沈大腳搖着頭道天老爺這位奶奶可是好惹的他又要是个官又要有錢又要人物齊整又要上無公婆下無小叔姑子他每日睡到日中纔起來橫草不拿豎草不拈每日要喫八分銀子藥他又不喫大葷頭一日要鴨子第二日要魚第三日要茭兒菜鮮笋做湯閒着沒事還要橘餅圓眼蓮米搭嘴酒量又大每晚要炸麻雀鹽水蝦吃三觔百花酒

上床睡下兩个丫頭輪流着搥腿搥到四更鼓盡纔歇我方纔聽見你說的是个戲子家戲子家有多大湯水弄這位奶奶家去沈天孚道你替他架些空罷了沈大腳商議道我如今把這做戲子的話藏起不要說也並不必說他家弄行頭只說他是个舉人不日就要做官家裡又開着字號店廣有田地這个說法好麼沈天孚道最好最好你就這麼說去當下沈大腳喫了飯一直走到胭脂巷敲開了門丫頭荷花迎着

出來問你是那裡來的沈大脚道這裡可是王太太家荷花道便是你有甚麽話說沈大脚道我是替王太太講喜事的荷花道請在堂屋裡坐太太纔起來還不曾停當沈大脚說道我在堂屋裡坐怎的我就進房裡去見太太當下揭開門簾進房只見王太太坐在床沿上裹脚採蓮在傍邊捧着礬盒子王太太見他進來曉得他爲媒婆就叫他坐下叫拿茶與他喫看着太太兩隻脚足足裹了有三頓飯時纔裹完了又

慢慢梳頭洗臉穿衣服直弄到日頭趖西纔淸白因問道你貴姓有甚麼話來說沈大脚道我姓沈因有一頭親事來効勞將來好喫太太喜酒王太太道是个甚麼人家沈大脚道是我們這水西門大街上鮑府上人都叫他鮑舉人家家裡廣有田地又開着字號店足有千萬貫家私本人二十三歲上無父母下無兄弟兒女要娶一个賢慧太太當家久已說在我肚裡了我想這个人家除非是你這位太太纔去得所

以大胆來說王太太道這舉人是他家甚麼人沈大腳道就是這要娶親的老爺了他家那還有第二个王太太道是文舉武舉沈大腳道他是个武舉扯的動十个力氣的弓端的起三伯觔的制子好不有力氣王太太道沈媽你料想也知道我是見過大事的不比別人想着一初到王府上纔滿了月就替大女兒送親送到孫鄉紳家那孫鄉紳家三間大敞廳點了百十枝大蠟燭擺着糖斗糖仙喫一看二眼觀三的席

戲子細吹細打把我迎了進去孫家老太太戴着鳳冠穿着霞帔把我奉在上席正中間臉朝下坐了我頭上戴着黃豆大珍珠的拖掛把臉都遮滿了一邊一个丫頭拿手替我分開了纔露出嘴來喫他的蜜餞茶唱了一夜戲喫了一夜酒第二日回家跟了去的四个家人婆娘把我白綾織金裙子上弄了一點灰我要把他一个个都處死了他四个一齊走進來跪在房裡把頭在地板上磕的撲通撲通的响我還不開

恩饒他哩沈媽你替我說這事須要十分的實若有半些差池我手裡不能輕輕的放過了你沈大脚道這个何消說我從來是一點水一个泡的人比不得媒人嘴若扯了一字謊明日太太訪出來我自已把這兩个臉巴子送來給太太掌嘴王太太道果然如此好了你到那人家說去我等你回信當下包了幾十個錢又包了些黑棗青餅之類叫他帶囬去與娃娃喫只因這一番有分教忠厚子弟成就了惡姻緣骨肉

分張又遇着親兄弟不知這親事說成否且聽
下回分解

前半寫向觀察哭友堂皇鄭重可歌可泣乃
顏魯公作書筆力直欲透過紙背
金次福初來說親其於王太太蓋略得其概
故但能言其奩資之厚箱籠之多蓋此事已
七八年而次福新近始知之其意不過慫恿
成局以圖酒食而已本無他想沈天孚卻能
知其根柢是以歷歷言之然猶是外象三交

至沈大腳然後識其性情舉動和盤托出作三段描寫有前有後有詳有略用意之新穎措辭之峭拔非惟稗官中無此筆伏求之古名人紀載文字亦無此奇妙也

沈大腳生花之口不由太太不墮術中觀後文杜慎卿江都納姬而沈大腳又換一番詞語令慎卿不得不墮術中如讀長短書那得不拍案叫絕

王太太未嘗見而已將他之性情舉動一一

描摹盡致試思如此一个人而鮑廷璽竟娶他來家將何以處之閱者且掩卷細思此後當用何等筆墨不幾何思路皆窮觀後文娶進門來許多疙瘩事真非錦綉之心不能布置然後嘆服作者才力之大

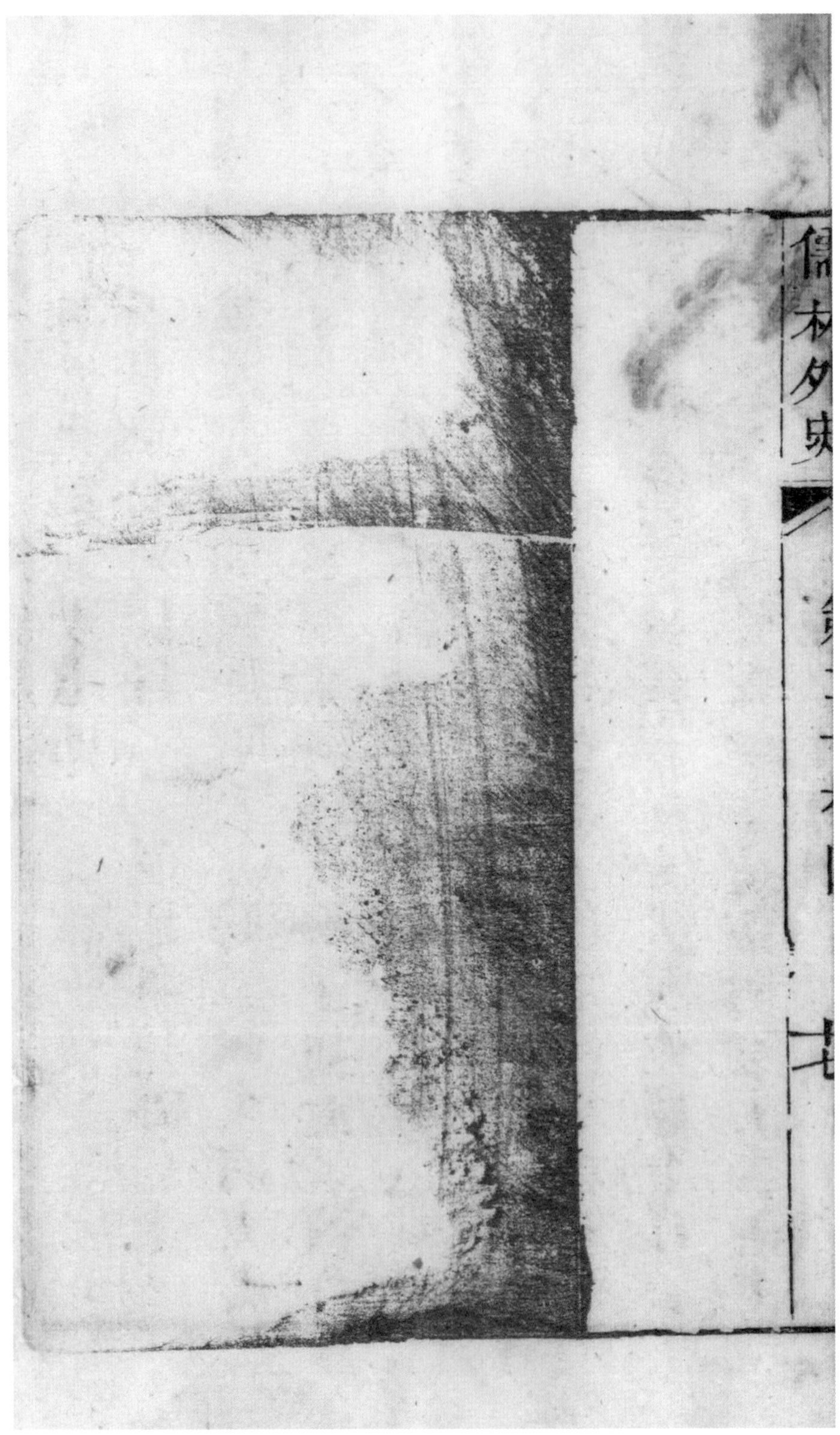
儒林外史

儒林外史第二十七回

王太太夫妻反目　倪廷璽兄弟相逢

話說沈大脚問定了王太太的話回家向丈夫說了次日歸姑爺來討信沈天孚如此這般告訴他說我家堂客過去着實講了一番這堂客已是千肯萬肯但我說明了他家是没有公婆的不要叫鮑老太自己來下插定到明日拏四樣首飾來仍舊叫我家堂客送與他擇个日子就擡人便了歸姑爺聽了這話回家去告訴丈

母說這堂客手裏有幾百兩銀子的話是真的只是性子不好些會欺負丈夫這是他兩口子的事我們管他怎的鮑老太道這管他怎的現今這小厮傲頭傲腦也要娶个辣燥些的媳婦來制着他纔好老太主張着要娶這堂客隨即叫了鮑廷璽來叫他去請沈大脚金次福兩个人來爲媒鮑廷璽道我們小戶人家只是娶个窮人家女兒做媳婦好這樣堂客要了家來恐怕淘氣被他媽一頓臭罵道倒運的奴才沒福

氣的奴才你到底是那窮人家的根子開口就說要窮將來少不的要窮斷你的筋像他有許多厢籠娶進來擺擺房也是熱鬧的你這奴才知道甚麼鳥的鮑廷璽不敢回言只得央及歸姑爺同着去拜媒人歸姑爺道像娘這樣費心還不討他說个是只要揀精揀肥我也犯不着要効他這个勞老太又把姑爺說了一番道他不知道好歹姐夫不必計較他姑爺方才肯同他去拜了兩个媒人次日備了一席酒請媒鮑

廷璽有生意領着班子出去做戲了就是姑爺作陪客老太家里拏出四樣金首飾四樣銀首飾來還是他前頭王氏娘子的交與沈天孚去下插定沈天孚又賺了他四樣只拏四樣首飾叫沈大脚去下插定那里接了擇定十月十三日過門到十二日把那四廂四橱和盆桶錫器兩張大床先搬了來兩个了頭坐轎子跟着到了鮑家看見老太也不曉得是他家甚麼人又不好問只得在房里鋪設齊整就在房里坐着

明早歸家大姑娘坐轎子來這里請了金次福的老婆和錢麻子的老婆兩个攙親到晚一乘轎子四對燈籠火把娶進門來進房撒帳說四言八句拜花燭喫交杯盞不必細說五更鼓出來拜堂聽見說有婆婆就惹了一肚氣出來使性摜氣磕了幾个頭也沒有茶也沒有鞋拜畢就往房里去了丫頭一會出來要雨水煨茶與太太嗑一會出來叫拏炭燒着了進去與太太添着燒速香一會出來到櫥下叫廚子蒸點心

做揚箏進房來與太太嗑兩个丫頭川流不息的在家前屋後的走叫的太太一片聲响鮑老太聽見道在我這里叫甚麽太太連奶奶也叫不的只好叫个相公娘罷了丫頭走進房去把這話對太太說了太太就氣了个發昏到第三日鮑家請了許多的戲子的老婆來做朝南京的風俗但凡新媳婦進門三天就要到厨下去收拾一樣菜發个利市這菜一定是魚取富貴有餘的意思當下鮑家買了一尾魚燒起鍋請

相公娘上鍋王太太不采坐着不動錢麻子的老婆走進房來道這使不得你而今到他家做媳婦這些規矩是要還他的太太忍氣吞聲脫了錦緞衣服繫上圍裙走到厨下把魚接在手内拏刀刮了三四刮拎着尾把望滾湯鍋里一摜錢麻子老婆正站在鍋抬傍边看他收拾魚被他這一摜便濺了一臉的熱水連一件二色金的緞衫子都弄濕了唬了一跳走過來道這是怎說忙取出一个汗巾子來揩臉王太太丢

了刀骨都着擸往房里去了當晚堂客上席他
也不會出來坐到第四日鮑廷璽領班子出去
做夜戲進房來穿衣服王太太看見他這幾日
都戴的是瓦楞帽子並無紗帽心里疑惑他不
像个舉人這日見他戴帽子出去問道這晚間
你往那里去鮑廷璽道我做生意去說着就去
了太太心裏越發疑惑他做甚麽生意又想道
想是在字號店里算帳一直等到五更鼓天亮
他纔回來太太問道你在字號店裡算帳爲甚

麽算了這一夜鮑廷璽道甚麽字號店我是戲班子裡管班的領著戲子去做夜戲纔回來太太不聽見這一句話罷了聽了這一句話怒氣攻心大叫一聲望後便倒牙關咬緊不省人事鮑廷璽慌了忙叫兩个丫頭拿薑湯灌了半日灌醒過來大哭大喊滿地亂滾滾散頭髮一會又要扒到床頂上去大聲哭着唱起曲子來原來氣成了一个失心瘋唬的鮑老太同大姑娘都跑進來看看了這般模樣又好惱又好笑正

鬧着沈大脚手里拏着兩包點心走到房里來賀喜纔走進房太太一眼看見上前就一把揪住把他揪到馬子跟前揭開馬子抓了一把尿屎抹了他一臉一嘴沈大脚滿鼻子都塞滿了臭氣衆人來扯開了沈大脚走出堂屋里又被鮑老太指着臉罵了一頓沈大脚沒情沒趣只得討些水洗了臉悄悄的出了門回去了這里請了醫生來醫生說這是一肚子的痰正氣又虛要用人參琥珀每劑藥要五錢銀子自此以

後一連害了兩年把些衣服首飾都花費完了兩个丫頭也賣了歸姑爺同大姑娘和老太商議道他本是螟蛉之子又没中用而今又弄了這个瘋女人來在家鬧到這个田地將來我們這房子和本錢還不够他吃人參琥珀吃光了這个如何來得不如趁此時將他趕出去離門離戶我們纔得乾淨一家一計過日子鮑老太聽信了女兒女壻的話要把他兩口子趕出去鮑廷璽慌了去求鄰居王羽秋張國重來說張

國重王羽秋走過來說道老太這使不得他是你老爹在時抱養他的況且又帮着老爹做了這些年生意如何趕得他出去老太把他怎樣不孝媳婦怎樣不賢着實數說了一遍說道我是斷斷不能要他的了他若要在這里我只好帶着女兒女壻搬出去讓他當下兩人講不過老太只得說道就是老太要趕他出去也分些本錢與他做生意叫他兩口子光光的怎樣出去過日子老太道他當日來的時候只得頭上

幾莖黃毛身上還是光光的而今我養活的他恁大又替他娶過兩回親況且他那死鬼老子也不知是累了我家多少他不能補報我罷了我還有甚麼貼他那兩人道雖如此說恩從上流還是你老人家照顧他些說來說去說的老太轉了口許給他二十兩銀子自已去住鮑廷璽接了銀子哭哭啼啼不日搬了出來在王羽秋店後借一間屋居住只得這二十兩銀子要團班子弄行頭是弄不起要想做个别的小生

意又不在行只好坐吃山空把這二十兩銀子吃的將光太太的人參琥珀藥也沒得吃了病也不大發了只是在家坐着哭泣咒罵非止一日那一日鮑廷璽街上走走回來王羽秋迎着問道你當初有个令兄在蘇州麼鮑廷璽道我老爹只得我一个兒子並沒有哥哥王羽秋道不是鮑家的是你那三牌楼倪家的鮑廷璽道倪家雖有幾个哥哥聽見說都是我老爹自小賣出去了後來一總都不知个下落那也不曾

聽見是在蘇州王羽秋道方才有个人一路找來找在隔壁鮑老太太家說倪大太爺找倪六太爺的鮑老太不招應那人就問在我這裏我就想到你身上你當初在倪家可是第六鮑廷璽道我正是第六王羽秋道那人找不到又到那邊找去了他少不得還找了回來你在我店里坐了候着少頃只見那人又來找問王羽秋道便是你六爺倪我他怎的鮑廷璽道你是那里來的是那个要找我那人在腰裏拿出一个

紅紙帖子來遞與鮑廷璽看鮑廷璽接着只見上寫道水西門鮑文卿老爹家過繼的兒子鮑廷璽本名倪廷璽乃父親倪霜降第六子是我的同胞的兄弟我叫作倪廷珠找着是我的兄弟就同他到公館里來相會要緊要緊鮑廷璽道這是了一點也不錯你是甚麼人那人道我是跟大太爺的叫作阿三鮑廷璽道大太爺在那裏阿三道大太爺現在蘇州撫院衙門里做相公每年一千兩銀子而今現在大太爺公館

裏既是六太爺就請同小的到公館裏和大太爺相會鮑廷璽喜從天降就同阿三一直走到淮清橋撫院公館前阿三道六太爺請到河底下茶館裏坐着 我去請大太爺來會一直去了鮑廷璽自己坐着坐了一會只見阿三跟了一个人進來頭戴方巾身穿醬色緞直裰脚下粉底皂靴三綹髭鬚有五十歲光景那人走進茶館阿三指道便是六太爺了鮑廷璽忙走上前那人一把拉住道你便是我六兄弟了鮑廷璽

道你便是我大哥哥兩人抱頭大哭哭了一塲坐下倪廷珠道兄弟自從你過繼在鮑老爹家我在京裏全然不知道我自從二十多歲的時候就學會了這个幕道在各衙里做館在各省我尋那幾个弟兄都不曾找的着五年前我同一位知縣到廣東赴任去在三牌樓找着一个舊時老鄰居問纔曉得你過繼在鮑家了父母俱已去世了說着又哭起來鮑廷璽道我而今鮑門的事倪廷珠道兄弟倪且等我說完了我這

幾年虧遭際了這位姬大人賓主相得每年送我束修一千兩銀子那幾年在山東今年調在蘇州來做巡撫這是故鄉了我所以着緊來找賢弟找着賢弟時我把歷年節省的幾兩銀子拏出來弄一所房子將來把你嫂子也從京裏接到南京來和兄弟一家一計的過日子兄弟你自然是娶過弟媳的了鮑廷璽道大哥在上便悉把怎樣過繼到鮑家怎樣蒙鮑老爹恩養怎樣在向太爺衙門里招親怎樣前妻王氏死

了又娶了這个女人而今怎樣怎樣被鮑老太趕出來了都說了一遍倪廷珠道這个不妨而今弟婦現在那里鮑廷璽道現在鮑老爹隔壁一个人家借着住倪廷珠道我且和你同到家裡去看看我再作道理當下會了茶錢一同走到王羽秋店里王羽秋也見了禮鮑廷璽請他在後面王太太拜見大伯此時衣服首飾都沒有了只穿着家常打扮倪廷珠荷包裡拏出四兩銀子來送與弟婦做拜見禮王太太看見有

這一个體面大俏不覺憂愁減了一半自已捧茶上來鮑廷璽接着送與大哥倪廷珠吃了一杯茶說道兄弟我且暫回公館裡去我就回來和你說話你在家等着我說罷去了鮑廷仁在家和太太商議少刻大哥來我們須備个酒飯候着如今買一隻板鴨和幾斤肉再買一尾魚來托王羽秋老爹來收拾做个四樣纔好王太太說呸你這死不見識面的貨他一个撫院衙門裡住着的人他沒有見過板鴨和肉他自然

是吃了飯纔來他希罕你這樣東西吃如今快秤三錢六分銀子到果子店里裝十六个細巧圍碟子來打幾斤陳百花酒候着他纔是个道理鮑廷璽道太太說的是當下秤了銀子把酒和碟子都備齊捧了來家到晚果然一乘轎子兩个巡撫部院的燈籠阿三跟着他哥來了倪廷珠下了轎進來說道兄弟我這寓處沒有甚麽只帶的七十多兩銀子叫阿三在轎櫃里拏出來一包一包交與鮑廷璽道這个你且收着

我明日就要同姬大人往蘇州去你作速看下一所房子價銀或是二百兩三百兩都可以你同弟婦搬進去住着你就收拾到蘇州衙門裡來我和姬大人說把今年束修一千兩銀子都支了與你拏到南京來做个本錢或是買些房產過日當下鮑廷璽收了銀子留着他哥吃酒吃着說一家父母兄弟分離苦楚的話說着又哭哭着又說直吃到二更多天方纔去了鮑廷璽次日同王羽秋商議叫了房牙子來要當房

子自此家門口人都曉的倪大老爺來找兄弟現在撫院大老爺衙門裡都稱呼鮑廷璽是倪六老爺太太是不消說又過了半個月房牙子看定了一所房子在下浮橋施家巷三間門面一路四進是施御史家的施御史不在家着典與人住價銀二百二十兩成了議約付押議銀二十兩擇了日子搬進去再兌銀子搬家那日兩邊鄰居都送着盒歸姑爺也來行人情出分子鮑廷璽請了兩日酒又替太太贖了些頭面

衣服太太身子裡又有些啾啾唧唧的起來隔幾日要請个醫生要吃八分銀子的藥那幾十兩銀子漸漸要完了鮑廷璽收拾要到蘇州尋他大哥去上了蘇州船那日風不順船家盪在江北走了一夜到了儀徵舡住在黃泥灘風更大過不得江鮑廷璽走上岸要買个茶點心吃忽然遇見一个少年人頭戴方巾身穿玉色紬直裰脚下大紅鞋那少年把鮑廷璽上上下下看了一遍問道你不是鮑姑老爺麽鮑廷璽驚

道在下姓鮑相公尊姓大名怎樣這樣稱呼那少年道倪可是安慶府向太爺衙門裡王老爹的女壻鮑廷璽道我便是相公怎的知道那少年道我便是王老爹的孫女壻你老人家可不是我的姑丈人麼鮑廷璽笑道這是怎麼說且請相公到茶館坐坐當下兩人走進茶館拏上茶來儀徵有的是肉包子裝上一盤來吃着鮑廷璽問道相公尊姓那少年道我姓季姑老爹倪認不得我我在府裡考童生看見你巡場我

就認得了後來你家老爹還在我家吃過了酒這些事你難道都記不的了鮑廷璽道你原來是季老太爺府裡的季少爺你却因甚麼做了這門親季葦蕭道自從向太爺陞任去後王老爹不曾跟了去就在安慶住着後來我家岳選子典史安慶的鄉紳人家因他老人家爲人盛德所以同他來往起來我家就結了這門親鮑廷璽道這也極好你們太老爺在家好麽季葦蕭道先君見背已三年多了鮑廷璽道姑爺你

却為甚麼在這裡季葦蕭道我因鹽運司荀大人是先君文武同年我故此來看看年伯姑老爺你却往那裡去鮑廷璽說我道蘇州去看一个親戚季葦蕭道幾時纔得回來鮑廷璽道大約也得二十多日季葦蕭道若回來無事到楊州來頑頑若到楊州只在道門口門簿上一查便知道我的下處我那時做東請姑老爹鮑廷璽道這个一定來奉候說罷彼此分别走了鮑廷璽上了船一直來到蘇州纔到閶門上岸劈

面撞着跟他哥的小厮阿三只因這一番有分教榮華富貴依然一旦成空奔走道途又得無端聚會畢竟阿三說出甚麼話來且聽下回分解

王太太進門斷無安然無事之理然畢竟從何處寫起直是難以措筆却於新婦禮節上生波乃覺近情着理不枝不蔓正鬧着忽見沈大脚來塗以一臉臭屎令閙者絕倒使拙筆爲之必無此生龍活虎之妙古人云眼前

有景道不出正此謂也

太太窮了身子便覺康健病也不大發纔遇見體面太伯得銀七十兩身子又覺得啾啾唧唧每日要喫八分銀子的藥天下婦人大約如此

老太與歸姑爺視鮑廷璽毫末不關痛癢字字寫入骨髓

倪廷珠忽然從天掉下叨叨絮絮敘說父子兄弟别離之苦至性感人沁入心脾此是極

有功世道文字以下便要丟卻鮑廷璽與一副筆墨去寫二杜其綫索全在季葦蕭令郎於江岸上偶然遇見兔起鶻落眞有成軸在胷